Axel Wirén

**Studien über die Solenogastres**

I. Monographie des Chætoderma Nitidulum Lovén

Axel Wirén

**Studien über die Solenogastres**

*I. Monographie des Chætoderma Nitidulum Lovén*

ISBN/EAN: 9783743412927

Hergestellt in Europa, USA, Kanada, Australien, Japan

Cover: Foto ©berggeist007 / pixelio.de

Manufactured and distributed by brebook publishing software (www.brebook.com)

Axel Wirén

**Studien über die Solenogastres**

# STUDIEN

ÜBER

# DIE SOLENOGASTRES

I.

MONOGRAPHIE DES CHÆTODERMA NITIDULUM LOVÉN

VON

**AXEL WIRÉN.**

MIT 7 TAFELN.

AN DIE KÖNIGL. SCHWEDISCHE ACADEMIE DER WISSENSCHAFTEN EINGEREICHT DEN 13 MAI 1891.

STOCKHOLM, 1892.
KUNGL. BOKTRYCKERIET. P. A. NORSTEDT & SÖNER.

Unsere Kenntniss der merkwürdigen Thierclasse, der von Gegenbauer der Name *Solenogastres* beigelegt worden, stammt aus recht junger Zeit. Die erste der hiebezüglichen, der Wissenschaft bekannten Arten war ein sonderbares Thierchen, welches im Jahre 1845 von Professor S. LOVÉN (1) beschrieben wurde, der ihm nach dessen glänzenden die Haut bedeckenden Kalkstacheln den Namen *Chætoderma nitidulum* ertheilte. Nicht eher als 1875 hat man den zweiten Repräsentanten dieser Classe kennen gelernt, die sowohl ihrer äusseren Gestalt als auch ihrem inneren Baue nach von Professor T. TULLBERG (1) beschriebene *Neomenia carinata*. Jetzt schritten die Entdeckungen rascher vor, und man kennt heutzutage schon 24 zu 6 Gattungen gehörende Arten, nämlich:

*Proneomenia incrustata* (KOREN & DANIELSSEN), [1] Norwegen.
*margaritacea* (KOREN & DANIELSSEN), [1] Norwegen.
*borealis* (KOREN & DANIELSSEN), [1] Norwegen.
*Sarsii* (KOREN & DANIELSSEN), [1] Norwegen.
*Sluiteri* HUBRECHT (1), Barents See.
*filiformis* HANSEN (2), Norwegen.
*vagans* KOVALEVSKY & MARION (3 und 4), Mittelmeer.
*desiderata* KOVALEVSKY & MARION (3 und 4), Mittelmeer.
*Aglaophæniæ* KOVALEVSKY & MARION (3 und 4), Mittelmeer.
*gorgonophila* (KOVALEVSKY), [2] Mittelmeer.
*Paramenia impleca* PRUVOT (1), Mittelmeer.
*sierra* PRUVOT (1), Mittelmer.
*palifera* PRUVOT (1), Mittelmeer.
*Dondersia festiva* HUBRECHT (5), Mittelmeer.
*banyulensis* PRUVOT (1), Mittelmeer.
*flavens* PRUVOT (1), Mittelmeer.
*ichthyodes* PRUVOT (1), Mittelmeer.
*Neomenia carinata* TULLBERG (1),[3] Westküste Schwedens und Norwegens,[1] England.[5]
*affinis* (KOREN & DANIELSSEN),[6] Mittelmeer.
*Dalyelli* (KOREN & DANIELSSEN),[6,7] Norwegen, England.[5]

[1] KOREN & DANIELSSEN 1, HANSEN 2.
[2] KOVALEVSKY 1 und 2, HUBRECHT 2, KOVALEVSKY und MARION 3 und 4.
[3] Synonym: *Solenopus nitidulus* SARS 1, p. 257, KOREN & DANIELSSEN 1.
[4] KOREN & DANIELSSEN 1, HANSEN 2.
[5] NORMAN 1.
[6] KOREN & DANIELSSEN 1, HANSEN 2.
[7] Synonym?: *Vermiculus crassus* DALYELL 1, Vol. 2. p. 88, Plate X. fig. 11.

*Lepidomenia hystrix* Kovalevsky & Marion (3 und 4), Mittelmeer.
*Neomenia* (*Lepidomenia?*) [1] *corallophila* Kovalevsky (3), Mittelmeer.
*Chætoderma nitidulum* Lovén (1), [2] Nordeuropäische und arctische Meere.
   *militare* Selenka (1), Malayische Inseln.

Die durch die Untersuchung Tullberg's (1) über *Neomenia carinata* zum ersten Male gewonnene Einsicht der inneren Organisation der *Solenogastres* ist späterhin insbesondere durch die Abhandlung Hansens (1) über *Chætoderma nitidulum*, die Monographien Hubrecht's (1 und 5) über *Proneomenia Sluiteri* und *Dondersia festiva*, ferner endlich durch die Arbeit von Kovalevsky und Marion (4) über *Lepidomenia hystrix* und einige *Proneomenia*-Arten des Mittelmeeres beträchtlich erweitert worden. In der Folge wird an gehörigem Orte über diese Arbeiten berichtet werden. Auch bezüglich der embryonalen Entwicklung einer Art der Solenogastren, *Dondersia banyulensis*, ist von Pruvot (2) eine freilich sehr unvollständige, aber sehr intressante Mittheilung veröffentlicht worden, welche wir gelegentlich auch im zweiten Theile dieser Schrift besprechen werden.

Über die systematische Stellung der Solenogastren wurden anfänglich verschiedene Meinungen gehegt. *Chætoderma nitidulum* wurde erst vorläufig unter die Gephyreen gerechnet,[3] und *Neomenia carinata* schien nach der Ansicht Tullbergs sich sowohl den Würmern als auch den Mollusken zu nähern, doch meinte er, dass man es ferneren Untersuchungen überlassen müsse, die verwandtschaftlichen Beziehungen der Neomenia festzusetzen.

Nachdem v. Graff (1) die Ergebnisse seiner Untersuchungen des Chætoderma veröffentlicht hatte, sprach sich v. Ihering (1) zuerst für die nahe Verwandtschaft des Chætoderma und der Neomenia aus. Derselbe war auch der Erste, welcher die grosse Ähnlichkeit erwies, welche zwischen diesen beiden Gattungen und den Chitonen, insbesondere was den Bau des Nervensystems betrifft, stattfindet. Hauptsächlich aus diesem Grunde führte v. Ihering Chætoderma, Neomenia und Chitonidæ in eine Classe, *Amphineura*, zusammen, die er eher zu den Würmern als zu den Mollusken zu stellen geneigt ist,[4] und die er als wenig abweichende Herkömmlinge von der Urform einer grossen Abtheilung der Mollusken betrachtet. Dieser Meinung schloss v. Graff (2) sich mit grosser Bestimmtheit an, nachdem er auch Neomenia carinata zu untersuchen Gelegenheit gehabt hatte.

Gegenbaur [5] unterordnete Chætoderma und Neomenia den Würmern unter dem gemeinschaftlichen Namen *Solenogastres*. Er betonte jedoch, dass sie durch die angedeutete Sonderung einer rinnenförmigen ventralen Fläche (welche man damals, auf eine unrichtige Angabe v. Graffs gestützt, bei sowohl Neomenia als auch Chætoderma zu finden glaubte), und durch den Bau des Nervensystems verwandtschaftliche Beziehungen zu den Mollusken erkennen liessen; erklärte aber übrigens, dass man eine zu unvollkommene Kenntniss dieser beiden Gattungen besitze, um deren systematische Stellung mit Bestimmtheit angeben zu

---

[1] Vergl.: Kovalevsky & Marion 4, p. 7.
[2] Synonym: *Chrystallophrysson nitens* Möbius 1.
[3] S. Lovén 1; Diesing 1, p. 770; Keferstein 1, p. 208, 2, p. 442; Quatrefages 1, Vol. II, p. 602. Baird 1, p. 107; Möbius 1, p. 157; Théel 1, p. 24; v. Graff 1, p. 187.
[4] Vergl. auch v. Ihering. 2, 3.
[5] Gegenbaur 1, p. 135, 139 und 317.

können. Der von GEGENBAUR vorgeschlagene Name *Solenogastres* ist nach ihm allgemein angenommen worden.

Je nachdem die Kenntniss dieser Thiergruppe wuchs, und besonders seitdem erwiesen worden, dass die Mehrzahl der hierhergehörenden Formen eine wirkliche Radula besitzen, wuchs auch die Überzeugung immer mehr, dass sie Mollusken und zwar die nächsten Verwandten der Chitonen [1] seien.

RAY LANKESTER (1) und HUBRECHT (3, 4) waren sogar, sich den Anschauungen v. IHERINGS hauptsächlich anschliessend, geneigt in den Solenogastren die uraltesten Formen der jetzt lebenden Mollusken (»archaic mollusks») zu sehen. Unläugbar ist jedoch, dass diese Meinung bei ihrer scheinbar freilich so allgemeinen Verbreitung sich auf eine bei weitem nicht so hinreichende Kenntniss der Solenogastren stützt, dass diese einer erfolgreichen Vergleichung mit anderen Formen könnten unterzogen werden, oder dass die Frage von ihrer systematischen Stellung hätte genügend beantwortet werden können, ohne dass man die Phantasie zu Hülfe genommen hätte oder von dem sanguinischen Wunsche, der neuentdeckten Thiergruppe eine möglichst imponierende und merkwürdige Stellung anzuweisen, beeinflusst worden wäre.

Von den gewöhnlichen Auffassungen abweichende Meinungen sind von HALLER [2] und von KOREN & DANIELSSEN (1) ausgesprochen. Nach dem erstgenannten Verfasser mögen die Placophoren als Urformen der Gasteropoden zu denselben zu reihen sein, während die Neomenien, *zwar gleichfalls Mollusken*, eine selbständige Gruppe bilden». KOREN und DANIELSSEN waren die Ersten, welche sich für die nahe Verwandtschaft der Neomenia und der Mollusken aussprachen, jene aber nicht in die Nähe der Chitonen führten, sondern sie als eine besondere Unterabtheilung der Opistobranchien bezeichneten, für welche sie den Namen Telobranchiata vorschlugen. HANSEN (1), der Chaetoderma gründlicher als irgend ein andrer kannte, redet mit der grössten Vorsicht von dessen systematischer Stellung, und sieht in dessen Baue Ähnlichkeiten sowohl den Würmern als den Mollusken gegenüber.

Vorliegende »Studien», deren erster Theil jetzt den Fachgenossen vorgelegt wird, sollen zum Ausfüllen einiger Lücken in unserer Kenntniss der Solenogastren einen Beitrag enthalten und einen Versuch liefern, die Frage von den Verwandtschaftsverhältnissen dieser Thiere — insbesondere zu den Chitonen — zu lösen. Dieser Theil enthält Thatsächliches über Chaetoderma nitidulum, das der Verfasser an einem reichen Materiale zu untersuchen Gelegenheit gehabt. Der folgende Theil wird Mittheilungen über Neomenia und Chitonellus nebst Vergleichungen und Folgerungen enthalten.

Die Anatomie des *Chaetoderma* ist zuerst von THÉEL (1) später und weit eingehender von VON GRAFF (1 und 2) und HANSEN (1) untersucht worden. Die Ergebnisse ihrer Untersuchungen werden bei der Erörterung der einzelnen Organe besprochen werden.

Ehe ich zur Behandlung des vorliegenden Gegenstandes schreite, sei es mir gestattet der KÖNIGLICHEN SCHWEDISCHEN AKADEMIE DER WISSENSCHAFTEN, wie dem NATURWISSENSCHAFTLICHEN STUDENTENVEREINE zu UPSALA, welche durch Geld-Unterstützungen

---

[1] Verg. zum Beispiel: CLAUS 1, p. 512.
[2] HALLER 1, T. I, p. 69.

meinen Aufenthalt an der zoologischen Station KRISTINEBERG zum Betreiben meiner Studien ermöglichten, meine tiefe Dankbarkeit zu bezeugen. Ferner bin ich dem Intendenten des Naturhistorischen Reichsmuseums zu Stockholm, dem Herrn Professor S. LOVÉN, welcher mir mehrere Exemplare der Neomenia carinata und des Chitonellus fasciatus zur Untersuchung überliess, sammt meinem Freunde, dem Cand. Phil. L. JÄGERSKJÖLD, der mir ein Exemplar der Neomenia Dalyelli, das er in Oxfjord an norwegisch Finnmarken gefunden hatte, überreichte, zu tiefem Danke verpflichtet.

## Geographische Verbreitung, Lebensweise.

An der *Westküste Schwedens* ist *Chætoderma nitidulum* im Gullmarfjord und angränzenden Meeresgebieten an geeigneten Orten allgemein, auch kommt es an Bohusläns Väderöar und im Kosterfjord vor. An der *Norwegischen Küste* ist es von den BERGENER Zoologen und von THÉEL (1) gefunden, aber, so viel ich weiss, nur selten. In *Öresund* hat es LÜTKEN¹ bei Hellebeck in Sjelland einmal gefunden. In der *Nordsee* hat es MÖBIUS (1) bei Silverpit nahe bei der Doggerbank gefunden und als *Chrystallophrysson nitens* beschrieben. Nach THÉEL kommt es auch bei *Spitzbergen* in Treurenbergbay und Crossbay vor, und im Naturhistorischen Reichsmuseum zu Stockholm finden sich einige Exemplare des Chætoderma von *Nord-Grönland* (Omenak, 250 Faden Tiefe O. TORELL), vom *Weissen Meere* Bumannifjord, 50 Faden Tiefe SANDEBERG) und vom *Kara-Meer* (Ostküste des Novaja Semlja, 120 Faden Tiefe, DIE SCHWEDISCHE EXPEDITION 1875).

Chætoderma nitidulum muss also sehr weit in den nordeuropäischen und arctischen Meeren verbreitet sein. Aber das Geschlecht Chætoderma ist nicht auf die Meere des Norden beschränkt. Wahrscheinlich werden zukünftige Entdeckungen zeigen, dass es recht weit über die Erde verbreitet ist, denn während der in so vielen Hinsichten erfolgreichen Challenger-Expedition ist auch an den *Malayischen Inseln* von 375 Faden Tiefe ein Chætoderma, *Ch. militare* SELENKA, zu Tage gebracht, welches vielleicht der nordischen Art sehr nahe kommt. SELENKA (1), welcher diese Art beschrieben hat, sagt: This only I am able to affirm, that the specimen of the Challenger Expedition does not structurally differ in any essential point from the Chaetoderma nitidulum LOVÉN from the North Sea, jedoch giebt er in den nächsten Zeilen an, dass das Thier hermaphroditisch sein sollte, und dass die Radula *Zähne* besässe. Diese Widersprüche — Chætoderma nitidulum ist nämlich getrennten Geschlechtes, und seine Radula ist nur von einem *einzigen* Zähnchen oder Stachel repräsentiert — wären gar nicht zu verstehen, wenn man nicht annehmen dürfte, dass SELENKA, ohne die Monographie HANSENS zu kennen, seine Vorstellungen vom Baue des Chætoderma nitidulum aus den Arbeiten v. GRAFFS genommen hätte und sich von den Angaben dieses Autors, welcher die Blutkörperchen als Eier beschreibt und der Radula drei statt ein Zähnchen zutheilt, bei der Beurtheilung der Organe des Chaetoderma militare hätte missleiten lassen. Das einzige Specimen der letztgenannten Art war nämlich so schlecht erhalten, dass es wahrscheinlich nicht möglich war, sich ohne Vorurtheil von den inneren Organen eine Vorstellung zu bilden. Wie es aber mit dem Hermaphroditismus und der Radula des Chætoderma militare eigentlich ist, kann wohl zur Zeit nicht entschieden werden.

¹ Nach KEFERSTEIN (1 und 2).

An der Westküste Schwedens findet sich Chaetoderma nur auf reinem Schlammgrunde, meistens in ziemlich geringer Tiefe, 20—40 m. Es hält sich nicht auf der Bodenfläche auf, sondern lebt in Gängen, die es sich im Schlamme gräbt, und wenn es gestört wird, verschwindet es schnell tief abwärts. Um dieses Thier zu fangen, muss man demnach das Schleppnetz vermittels geeigneter Belastung und angepasster Länge des Strickes sich recht tief in den Grundschlamm senken lassen. Wenn dies ausser Acht gelassen wird, kann man freilich an solchen Plätzen dredgen, wo es von Chaetoderma wimmelt, ohne ein einziges Exemplar zu erhalten.

Auf der zoologischen Station *Kristineberg* hatte ich während des Winters wohl einen Monat lang mehr denn 100 Individuen in Aquarien, deren Boden mit einem Schlammlager bedeckt war. Über ihre Lebensweise wurde dann Folgendes beobachtet. Wenn sie nicht gestört wurden, konnten sie den Tag über beinahe unbeweglich in senkrecht hinabsteigenden Gängen stecken, das Vorderende nach unten und das Hinterende nach oben gerichtet. Die obere Mündung des Ganges wird dann völlig von dem glockenförmig erweiterten Hinterende verschlossen, so dass man über der Grundfläche nur die aufwärtsgerichteten Spitzen der beiden rothen Kiemen erblickt.

Wenn nun das Thier durch die Annäherung irgend eines Gegenstandes zu den Kiemen gestört wird, zieht es sich augenblicklich zusammen und bohrt sich mit ausserordentlicher Geschwindigkeit mehrere Zoll nach unten. Es bewirkt diese Fortbewegung durch abwechselnde Dehnung und Contraction des Körpers. Hierbei übernimmt offenbar sowohl der vordere, äusserst bewegliche Körpertheil als auch die grossen Stacheln des hinteren Körpertheils eine besondere Rolle. Diese Stacheln sind, wie es die beigefügte schematische Zeichnung verdeutlicht, so angesetzt, dass sie bei contrahierten Thieren nach hinten convergieren, bei ausgedehnten aber divergieren und schräge nach hinten und seitwärts abstehen. Wenn das Thier sich ausdehnt, müssendemnach diese Stacheln in die Seitenwände des Ganges eingreifen und somit dem Hinterende einen Stützpunkt verleihen, der dessen Bewegung aufwärts verhindert. Mit jeder Ausdehnung gelangt folglich das Vorderende so weit vorwärts, als der Unterschied zwischen dem ausgedehnten und dem contrahierten Thiere beträgt. Bei beträchtlicher Contraction des Thieres schwillt aber der vordere Körpertheil der Prothorax, zu einer dicken Blase an (Taf. I, Fig. 1, f.), wodurch das Vorderende des Thiers muthmasslich im Gange eingekeilt wird, was die kleinen dort befindlichen Stacheln, die stracks seitwärts gerichtet sind, insbesondere befördern. Die grossen Stacheln des Hinterendes legen sich gleichzeitig aneinander und haken sich von der Seitenwand des Ganges ab. Mit jeder Contraction zieht sich demnach das Hinterende vorwärts, ohne dass das Vorderende seine Stellung ändere.

N:o 2.
b die Grundfläche.

Ich habe nie ein Thier beobachtet, welches sich in dieser Weise tief hinuntergebohrt hatte, das in demselben Gange emporgestiegen wäre, in dem es hinabging. Das Thier muss, um wieder in den Ruhezustand zu gelangen, sich erst mit dem Vorderende hinaufbohren und, wenn es die Grundfläche erreicht hat, sich abermals hinunterbohren. Es beschreibt demnach während seiner Wanderung von der ersten ruhenden Stellung bis zur zweiten die auf

dem Holzschnitt N:o 2 dargestellte Curve. Das Thier muss sich dann ein
wenig auf der Grundfläche bewegen, ja es kann sogar mitunter einige Zoll
kriechen, ehe es sich wieder hinunter bohrt. Inzwischen ist dies eine sehr
langsame und mit einiger Schwierigkeit verbundene Procedur vermittels
abwechselnder Ausdehnung und Contraction, wodurch der hintere Körpertheil
bald zur rechten, bald zur linken Seite geschwenkt wird. Meistens, insbesondere bei ein wenig unebener Grundfläche, bringt Chætoderma gänzlich
unregelmässige Spuren hervor, bei ebener Grundfläche jedoch und wenn
das Thier schnurgerade vorwärts kriecht, können sie jenes eigenthümliche,
regelmässige Aussehen erhalten, wie es die beigefügte Zeichnung darstellt,
welches gewiss leicht einem Palæontologen den Gedanken beibringen könne,
er befinde sich vor einem Pflanzenabdruck.

N:o 3.

Ich habe nie Chætoderma schwimmende Bewegungen ausführen sehen, noch hat es
an den Wänden des Aquarium hinaufkriechen können. Es ist gänzlich *dem Leben im
Bodenschlamme angepasst*, und die Kenntniss dieses Umstandes ist für den rechten Verstand
der Organisation des Thieres nebst seines Verhältnisses verwandten Formen gegenüber von
Bedeutung.

Chætoderma verschlingt nicht, wie manche im Bodenschlamme umherkriechende
Würmer es thun, Sandkörner oder Schlamm. Sein Darm ist öfters nahezu leer, sein et-
waiger Inhalt besteht stets aus winzigen Thier- oder Pflanzenorganismen, hauptsächlich
aus Diatomaceen, bisweilen auch aus Foraminiferen oder andern Protozoen.

Wenn das Thier ungestört in seinem Gange steckt, ist die obere Mündung desselben,
wie schon oben erwähnt worden, gänzlich ausgefüllt. Da Chætoderma übrigens völlig der
bei anderen Salenogastres vorkommenden flimmernden Bauchfurche entbehrt, kann natürlich von dem Wasser über der Grundfläche kein Hinunterrinnen zur Mundöffnung stattfinden. Das Thier kann demnach nicht, wie es beispielweise bei den im Schlamme stecken-
den Siphoniaten der Fall ist, sich von den im Salzwasser umherfliessenden Organismen
ernähren, sondern muss ausschliesslich auf die im Bodenschlamme befindlichen beschränkt
sein. Diese werden natürlich vermittels des Vorderendes aufgesucht. Nicht nur die
starke und mannigfaltige Beweglichkeit des Prothorax, sondern auch das Vorkommen
eines besonderen Sinnesorganes, des Mundschildes, hat hierauf Bezug. Dieses Organ, zu
dessen Besprechung wir späterhin nähere Gelegenheit erhalten werden, ist nähmlich nicht
nur ein Organ zum Wühlen oder Graben, sondern sicherlich auch ein Sinnesorgan. Es
geht allen übrigen bekannten Solenogastres ab.

## Äussere Erscheinung und Topographie der inneren Organe.

Die topographische Anatomie des Chaetoderma nitidulum ist in der schon oftmals citierten Monographie HANSENS (1), im allgemeinen mit grosser Genauigkeit und Sorgfalt dargestellt. Jedoch können die Angaben dieses Verfassers noch in vielen Hinsichten ergänzt und in einigen auch berichtigt werden. Die folgende orientierende Darstellung der äusseren Erscheinung und der Lageverhältnisse der Organe unseres Thieres knüpft sich demnach der Arbeit HANSENS an. Wenn meine Ansichten von denjenigen des Norwegischen Forschers abweichen, wird dies in dem Folgenden ausdrücklich gesagt.

Auf die Arbeiten L. v. GRAFFS brauche ich hier nicht näher einzugehen. Dieser hervorragende Forscher, welchem nur ein sehr unzulängliches Material von Chaetoderma zur Verfügung stand, hat zwar über einige Organe, besonders aber über den gröberen Bau des Nervensystems, gute Beobachtungen angestellt, aber im grossen und ganzen war er jedoch in seinen Bestrebungen, die Organisation des Chaetoderma zu erforschen, nicht besonders glücklich. Seine Angaben scheinen mir von HANSEN genügend besprochen und richtig gedeutet zu sein.

### Äussere Erscheinung.

Die grössten Individuen von Chaetoderma, die ich gesehen habe, massen 80 mm an Länge und etwa 3 mm an Breite im mittleren Theil des Körpers. So grosse Thiere gehören jedoch zu den Seltenheiten und scheinen nur an gewissen Localitäten vorzukommen. Meistens erreichen sie nur etwa 40—50 mm Länge. Schon bei einer Länge von 10 mm und noch weniger können sowohl die Männchen als die Weibchen völlig geschlechtsreif sein.

Alle die bisher erschienenen Beschreibungen der äusseren Erscheinung des Chaetoderma — die kurze Diagnose S. LOVÉNS (1) nur ausgenommen — geben nur die Form des in Spiritus aufbewahrten mehr oder weniger zusammengezogenen Thieres an. Im lebenden Zustand ist Chaetoderma nitidulum ein drehrundes, wurmähnliches Thierchen (Taf. I, Fig. 1) von einer grauseidenen, glänzenden Farbe. Nur die Kiemen sind hell blutroth und die vordere Spitze des Körpers, besonders aber der Mundschild, etwas schwächer roth oder gelbroth gefärbt. Durch die nur wenig durchsichtige Körperwand kommt bei angemessener Beleuchtung die braungelbe oder grünlichgelbe Mitteldarmdrüse sowie, bei völliger Reife der Geschlechtsstoffe, auch der hintere Theil des Rückengefässes und die Genitaldrüsen zum Vorschein. Diese sind bei den Männchen milchweiss, bei den Weibchen mehr unrein, grauweiss gefärbt.

Auch die Form des Köpers ist einigen Schwankungen unterworfen je nach den verschiedenen Zuständen der Geschlechtsorgane. Die nicht geschlechtsreifen Individuen behalten fast überall die gleiche Dicke oder sind am hinteren Theile des Körpers nur wenig dicker als an dem vorderen. Wenn aber die Geschlechtsstoffe ihre völlige Reife erreicht haben, ist die hintere Hälfte des Körpers mehr als doppelt so dick als die vordere. Für die leichtere Orientierung der inneren Organe scheint es mir zweckmässig, die beiden Körperhälften mit besonderen Namen *Vorderleib*, *Thorax*, und *Hinterleib*, *Abdomen*, zu bezeichnen. Die Grenze zwischen Vorderleib und Hinterleib ist zwar äusserlich nicht einmal bei völliger Geschlechtsreife scharf zu unterscheiden, im Inneren aber wird sie durch die Vorderenden der Geschlechtsdrüse und der Mitteldarmdrüse bezeichnet (*Taf. 1. Fig. 9*).

Etwa 5 oder 6 mm hinter dem vorderen Ende eines völlig ausgestreckten 40 mm langen Individuums findet sich an der inneren Seite der Körperwand die Ursprungsstelle der Retractoren des Vorderendes (*Taf. 1, Fig. 9. 1*). Wenn diese Muskeln ganz schlaff und der Körper also völlig ausgestreckt ist, was jedoch während des Lebens wohl niemals der Fall ist, sieht man äusserlich die genannte Ursprungsstelle nicht. Wenn aber die Retractoren auch nur im geringsten contrahiert sind, tritt sie als die mehr oder weniger tiefe ringförmige Furche hervor, welche v. GRAFF [1] zuerst beschrieben hat. Durch die Ursprungsstellen der Retractoren des Vorderendes zerfällt der Vorderleib in zwei Abschnitte, für welche ich die Namen *Prothorax* und *Metathorax* vorschlage (*Taf. 1, Fig. 9, Pt, Mt*). Der Prothorax wird von v. GRAFF und HANSEN ganz unpassend als Hals oder Rüssel bezeichnet. Der Metathorax fällt mit dem Vorderleib dieser Autoren zusammen.

Der Prothorax ist sehr beweglich, im ruhenden Zustande cylindrisch. Die Retractoren setzen sich nicht an die vordere Spitze des Körpers sondern grösstentheils an die ventrale Körperwand etwa 1,5 mm hinter der Spitze an. Die Ansatzstelle ist auch äusserlich durch eine halbmondförmige ventrale Grube bezeichnet (*Taf. 1, Fig. 2. Gr*). Den vor dieser Grube liegenden sehr verjüngerten, kegelförmigen Körpertheil (*Taf. 1, Fig. 9, K*) welcher die terminale, unten und seitwärts von einem halbcirkelförmigen *Mundschild* (*Taf. 1. Fig. 2, 3, 4*) umgebene Mundöffnung trägt und das Gehirn und die Radula enthält, nenne ich den *Kopflappen*. Wenn die Retractoren des Prothorax contrahiert sind, wird der Kopflappen nach unten, rechtwinkelig gegen die Längsachse des Körpers gebogen. Ziehen sich nun auch die Ringmuskeln des Körpers zusammen, wird eine grosse Menge von Haemolympha in den vorderen, mit Ringmuskeln nur schwach versehenen Theil des Prothorax getrieben. Hierdurch entsteht die oftmals beschriebene blasige Auftreibung des Vorderendes des Chaetoderma (*Taf. 1, Fig. 1, f*). Bei diesen Anschwellungen des Prothorax kann zwar der Kopflappen ganz verborgen werden, er ist aber selbst nicht einstülpbar. Dagegen kann ein Theil der dorsalen Wand der Mundhöhle durch die Mundöffnung als eine kleine, kugelige oder eiförmige Blase ausgestülpt werden (*Taf. 1. Fig. 2, 3*).

Wie der Vorderleib so zerfällt auch das Abdomen in zwei Abschnitte, das *Praeabdomen* und das *Postabdomen* (*Taf. 1, Fig. 9. Pa, Ma*), welche durch das später zu erwähnende Diaphragma von einander getrennt sind. Äusserlich sind sie nur dadurch verschieden, dass das Postabdomen der geschlechtsreifen Individuen etwas schmäler ist als das Praeabdomen. Dieses ist weitaus grösser, das Metabdomen misst bei 40—50 mm langen

---

[1] v. GRAFF I p. 167.

Thieren höchstens nur 3 mm an Länge. Das Proabdomen entspricht dem Hinterleibe v. GRAFFS und HANSENS, das Postabdomen ist der Körpertheil, welcher von den genannten Autoren als Schwanz bezeichnet worden ist, ein Name, der mir sehr unangemessen zu sein scheint, denn mit Schwanz wird wohl im allgemeinen ein muskulöser Anhang am hinteren Körpertheile gemeint, welcher keine grösseren Eingeweide enthält. Das Postabdomen des Chaetoderma ist dagegen der Sitz vieler der wichtigsten inneren Organe.

Da ich nun den Körper des Chaetoderma in verschiedene Abschnitte eintheile und sie mit den Namen Kopflappen, Thorax, Abdomen u. s. w. bezeichne, so muss ich bemerken, dass ich dies nur thue, um die Lageverhältnisse der inneren Theile präciser und bequemer angeben zu können. Weder die Structur der Haut noch die Anordnung des Muskelsystems oder der Eingeweide deutet eine eigentliche Gliederung unseres Thieres an, was wohl auch Niemandem einfällt, der die Figuren der *Taf. I. und II.* ansieht.

Das Hinterende des Körpers ist glockenförmig erweitert. Die Höhlung der Glocke ist die *Cloake*, deren weite Mündung ganz terminal ist. (*Taf. I, Fig. 5—8, Taf. II. Fig. 2*). An dem Boden der Cloake findet sich der ventrale *After*. Dorsalwärts und lateralwärts von diesem liegen die länglichen, verticalen Mündungen der *Cloakengänge*. Zwischen diesen treten die beiden grossen *Kiemen* hervor. Jede Kieme besteht aus einer zungenförmigen, verticalen Lamelle, die *Basallamelle*, welche beiderseits die schief nach hinten und aussen gerichteten, halbcirkelförmigen *Seitenlamellen* trägt. Die Zahl dieser Lamellen schwankt ein wenig je nach der Grösse der Thiere. Ich habe bei 40 mm langen Thieren jederseits etwa 25 Lamellen gezählt. An der äusseren Seite der Basallamelle sind die Seitenlamellen etwa doppelt so lang wie an der inneren Seite. (*Taf. I, Fig. 5, 7, 8, 14. Taf. IV, Fig. 26*.)

Wenn man das Thier in Ruhe lässt, bleibt die Cloake weit offen. Die Kiemen ragen dann mit etwa der Hälfte ihrer Länge durch die Cloakenmündung hervor. Nähert sich aber die Gefahr, ziehen sich die muskulösen Basallamellen schnell zusammen, und die ganzen Kiemen werden völlig in die Cloake verborgen, deren Mündung sich durch die Contraction des sphincter cloacae ganz verschliesst.

Nahe bei dem hinteren Ende des Thieres findet sich an der oberen Seite über der Cloake eine kleine, längliche Grube, welche von langen Stacheln bedeckt ist und sich daher leicht der Aufmerksamkeit entzieht. Es scheint mir ganz unzweifelhaft, dass es diese Grube war, welche v. GRAFF [1] zu der irrthümlichen Annahme führte, dass Chaetoderma eine rudimentäre Bauchfurche besitzen sollte. In der That giebt es bei Chaetoderma gar keine Spur der bei allen übrigen bisher bekannten Solenogastren vorkommenden ventralen Furche. Die dorsale Grube des Chaetoderma, welche übrigens von HANSEN nicht beobachtet wurde, ist ohne Zweifel mit der kleinen dorsalen Grube der *Proneomenia* und der *Lepidomenia* homolog. [2] (*Taf. I, Fig. 5, 6; Taf. III, Fig. 19—21; Taf. IV, Fig. 22—24*.)

---

[1] v. GRAFF **2**, p. 568.
[2] HUBRECHT I, p. 9, Pl. I. Fig. 9, 10; KOVALEVSKY & MARION **4**, p. 9, 32. Pl. I, Fig. A. E. C. J., Pl. III, Fig. A., bs. Fig. 4, b, $b_1$.

### Leibeswand.

Die *Leibeswand* besteht aus der *Haut* und dem *Hautmuskelschlauche*. Die Haut, auf deren Bau wir später näher eingehen werden, besteht aus einem einfachen Epithel, der Cuticula und den Stacheln.

### Muskelschichten der Leibeswand.

Der Hautmuskelschlauch ist sowohl von v. GRAFF (1) als von HANSEN (1) sehr genau beschrieben. Nur haben diese Verfasser die Muskeln, welche am vorderen und hinteren Ende des Körpers von den Längsmuskeln der Leibeswand ausgehen, theils unvollständig theils unrichtig beschrieben. Unter dem Epithel finden sich zuerst *drei Schichten von Ringmuskelfasern* (*Taf. II, Fig. 8*).[1] Die äussere Schicht besteht aus Fasern, welche im rechten Winkel auf die Längsachse des Körpers verlaufen, die beiden inneren dagegen aus Fasern, welche sich im Prothorax unter rechten Winkeln, im hinteren Theil des Körpers dagegen unter schiefen Winkeln kreuzen. Je länger nach hinten, je mehr nähern sich diese Fasern einer mit den Fasern der äusseren Schicht parallelen Lage; sie sind jedoch noch im Metabdomen von jenen deutlich zu unterscheiden. Die äussere Schicht ist, wenigstens im vorderen Körpertheil, ein wenig dicker als die beiden inneren zusammengenommen. In dem Prothorax sind alle drei Schichten am kräftigsten entwickelt. Jede Schicht besteht hier aus einer Lage von meistens hohlen Fasernbündeln (*Taf V, Fig. 1*). Im Metathorax sind die Bündel schon bedeutend schwächer, im Abdomen kann man nicht mehr einzelne Bündel unterscheiden, jede Schicht besteht hier nur aus einer oder zwei Lagen von Fasern (*Taf. V. Fig. 2*). Am Hinterende des Körpers nehmen sie wieder an Mächtigkeit zu und werden dann wieder in kleine Bündel aufgelöst. (*Taf. II, Fig. 2*). Schliesslich bilden sie in den Rändern der Cloakenglocke einen kräftigen Verschliesser der Cloakenmündung (m. sphincter cloacae). (*Taf. II. Fig. 2 S c*). Am Vorderende des Prothorax werden alle drei Ringmuskelschichten allmählich verwischt. Nur einzelne Fasern setzen sich im Kopflappen fort.

Die an der inneren Seite der Leibeswand befestigten *Längsmuskeln* bilden keine continuierliche Lage sondern vier grosse Muskelbänder (Muskelfelder), zwei obere und zwei untere, welche von zwei Median- und zwei Seitenlinien getrennt sind. Zwischen den Muskelbändern liegen *vier strangförmige Körper*, welche v. GRAFF[2] mit den Seitenlinien einiger Ascariden verglichen, von HANSEN[3] aber als feinste Muskelfasern gedeutet worden sind. Am hinteren Theil des Körpers nähern sich die Seitenlinien der unteren Seite des Körpers, so dass die Oberfläche der oberen Muskelbänder viel grösser ist als die der unteren. Diese sind jedoch dicker und kräftiger, was sich daraus ergiebt, dass zusammengezogene Thiere immer gebogen sind mit der Concavität nach unten. (*Taf. III, Fig. 11*). Im Abdomen sind die Längsmuskeln bandförmig, die lacunare Leibeshöhle ist also hier auf den Querschnitten rund. (*Taf. III, Fig. 12.*) Im Metathorax dagegen werden die

---
[1] Durch Übersehen des Lithografs ist die äussere, circulare Ringfaserschicht auf dieser Figur nicht näher bezeichnet.
[2] v. GRAFF 1, p. 175, die Note.
[3] HANSEN 1, p. 6, Separat.

14   A. WIRÉN, STUDIEN ÜBER DIE SOLENOGASTRES.

Längsmuskeln viel dicker und dreieckig, so dass der Durchschnitt der lacunaren Leibeshöhle hier kreuzförmig ist. (Taf. II, Fig. 10.)

An der Grenze zwischen Metathorax und Prothorax schwinden die unteren Längsmuskeln gänzlich und die oberen zum grössten Theil. Die Fasern inserieren sich an die Haut zwischen den Bündeln der Ringmuskelschichten. In einigen Querschnitten, die aus dieser Stelle genommen sind, sieht man also keine ventrale und nur sehr wenige dorsale Längsfasern. (Taf. II. Fig. 9.) Bald treten doch neue Fasern hinzu, so dass auch der Prothorax vier Längsmuskelfelder besitzt. (Taf. II. Fig. 8.) Die vier intermuskularen, strangförmigen Körper sind auch noch deutlich zu unterscheiden.

## Muskeln des Vorderendes.

Gleich vor der Einschnürung an der Grenze zwischen Prothorax und Metathorax zerfällt jedes der beiden oberen Muskelbänder in drei Bündel, welche sich bald wieder in kleinere und kleinere Bündelchen in der Weise theilen, welche von den beistehenden, schematisch gezeichneten Querschnitten besser als mit vielen Worten angegeben wird. (Vergl. auch die Taf. II. Fig. 8.) Wenn aus den primären drei Bündeln

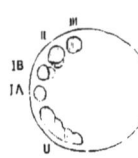

jederseits vier oder fünf entstanden sind, geben die mittleren nach innen zu kräftige aber mehr unregelmässig geformte Muskeln ab, welche sich an die oberen und seitlichen Wände des Schlundes und an den Kopflappen befestigen und die oberen Retractoren des Schlundes und des Vorderendes bilden. (Taf. II. Fig. 4—7, R s.)

Die zwei unteren Muskelbänder des Prothorax setzen sich eine Strecke weit fort, ohne ihre Form erheblich zu verändern, und ohne deutlich in kleinere Bündel zu zerfallen. Schliesslich gehen jedoch von jedem dieser Muskelbänder nach einander zwei oder drei kräftige Bündel aus, welche durch das Septum schräge nach oben und vorwärts verlaufen und sich theils an die Schlundwand, grösstentheils aber an die Körperwand zwischen Prothorax und Kopflappen befestigen, da wo an der äusseren Seite, wie schon oben gesagt ist, eine halbmondförmige Grube zu sehen ist. Diese Bündel (Taf. II. Fig. 4—7 R i) sind die

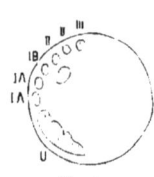

Bieger des Kopfes und die unteren Retractoren des Vorderendes. Auch die Muskeln der Zunge verbinden sich mit den unteren Längsmuskelbändern (Siehe unten p. 41).

Ausser den grösseren Bündeln gehen hie und da einzelne Fasern oder sehr kleine Bündelchen von den Längsmuskelbändern ab, um sich theils an die Schlundwand, theils an das Septum, theils wieder an die Haut zu befestigen. Schliesslich lösen sich die noch wandständigen Theile der primären Muskelbündel völlig in einzelne Fasern oder kleinste Bündelchen auf, welche sich an die Haut befestigen und zugleich mit den ebenfalls sich auflösenden Septalmuskeln und Ringmuskeln ein unentwirrbares Geflecht von in allen Richtungen sich kreuzenden, gröberen und feineren Muskelfasern bilden.

## Muskeln des Hinterendes.

Im Postabdomen geben die Längsmuskelbänder gleich hinter dem Diaphragma sechs Paare *Kiemenretractoren* ab, nämlich ein vorderes und ein hinteres ventrales Paar, ein latero-ventrales, ein vorderes dorsales und zwei hintere dorsale Paare. (*Taf. I, Fig. 12; Taf. II, Fig. 2; Taf. III. Fig. 15—21; Taf. IV. Fig. 22—24*).

Die beiden *vorderen ventralen Retractoren* ($R\ v\ a$ auf den Figuren der *Taf. III* und auf *Fig. 2, Taf. II*), welche viel dicker sind als die übrigen, entspringen den unteren Längsmuskelbändern gleich hinter dem Diaphragma und verlaufen schräg aufwärts und nach hinten unter die Cloakengänge und zur rechten und linken Seite des Enddarmes bis zu den Kiemen.

Die viel kleineren *lateroventralen Retractoren* ($R\ l\ v$) entspringen den unteren Rändern der oberen Längsmuskelbänder, lateralwärts und dorsalwärts von den vorderen Theilen der Cloakengänge, verlaufen dann schräg nach hinten und nach unten zwischen das Pericardium und die aufsteigenden Zweige der Cloakengänge und unter die branchiale Gangliencommissur zu den Kiemen, wo sie sich mit den vorderen ventralen Retractoren vereinigen. (*Taf. III, Fig. 20 $R\ v\ a + R\ l\ v$*).

Die *vorderen dorsalen Retractoren* ($R\ d\ a$), welche ein wenig dicker sind als die lateroventralen, aber viel dünner als die vorderen ventralen Retractoren, entspringen fast median den oberen Längsmuskelbändern jederseits der intermuskulären Streifen, über dem vorderen Theil des Pericardiums. Sie verlaufen schräg nach hinten und nach unten, treten durch das grosse dorsale Herzloch in das Herz ein und gelangen schliesslich durch die Kiemenvenen in die basalen Theile der Kiemen, wo sie sich mit den schon vorher zusammengeschmolzenen latero-ventralen und vorderen ventralen Retractoren vereinigen. (*Taf. IV, Fig. 22*).

Alle diese sechs Retractoren bilden also jederseits ein grosses Bündel ($R\ r\ i$), welches in die Basallamelle eintritt. Dieses Bündel theilt sich indessen bald in eine obere, etwas kleinere und eine untere, grössere *Kiemenmuskel.* (*Taf. IV, Fig. 23, $K\ m\ d$ und $K\ m\ v$*), welche beide bis an die Spitze der Basallamelle verlaufen und von einander durch zwei longitudinale Furchen getrennt sind, so dass ein Querschnitt durch die Basallamelle etwa wie eine S aussicht. Ausserhalb der beiden Kiemenmuskeln finden sich die Hauptblutbahnen der Kiemen, der *obere* und der *untere branchiale Blutsinus* (*Taf. IV. Fig. 23—25, $S\ d$ und $S\ v$*) von welchen der obere sich als *Kiemenvene* bis zu dem Herzen fortsetzt.

Ausserhalb der Blutbahnen in den oberen und unteren Rändern der Basallamellen finden sich *die hinteren dorsalen* und *ventralen-Retractoren* der Kiemen. ($R\ d\ p$ und $R\ v\ p$.) Die vier hinteren dorsalen Retractoren entspringen den oberen Längsmuskelbändern ein wenig hinter den vorderen Retractoren und gehen mit ihnen parallel durch das Herz und die Kiemenvenen bis an die oberen Ränder der Basallamellen. (*Taf. I, Fig. 12 und Taf. II, Fig. 2, $R\ d\ p$.*) Die zwei hinteren ventralen Retractoren, welche aus mehr zerstreuten Fasern bestehen, entspringen gleich hinter den vorderen ventralen Retractoren und verlaufen unter diesen bis an die unteren Ränder der Basallamellen. (*Taf. II, Fig. 2, $R\ v\ p$.*)

Nach dem Abgeben der Kiemenretractoren werden die Längsmuskelbänder nach hinten immer dünner, um sich schliesslich in einzelne Fasern aufzulösen, welche sich an die Wand der Cloake befestigen und als *Dilatatoren der Cloakenmündung* dienen. (*Taf. II, Fig. 2 Dc.*)

### Bindegewebe.

Sowohl v. GRAFF als HANSEN geben an, dass das *Bindegewebe* bei Chætoderma überall sehr reichlich entwickelt sei. Wenn man aber unser Thier mit einigen anderen Solenogastren oder mit den Mollusken überhaupt vergleicht, muss es doch zugestanden werden, dass Chætoderma gerade ziemlich arm an Bindegewebe ist. Ausser den interstitiellen Bindegewebemembranen kommt zwischen dem Darme und der Leibeswand überall ein sehr zartes und spärliches Bindegewebe vor. Unter dem gleich zu erwähnenden Septum finden sich etwas grössere Haufen bindegewebiger Zellen. Es kommt nicht wie bei Neomenia zur Abscheidung einer grösseren Menge gallertiger Zwischensubstanz.

### Leibeshöhle.

Der Darm ist bekanntlich von einer geräumigen Höhle umgeben, welche von bindegewebigen Zügen und kleinen Muskelbündeln, welche hie und da von den Längsmuskelbändern zu der Darmwand gehen, durchzogen ist. Diese Höhle entbehrt sowohl jeder epithelialen Bekleidung (*Taf. V, Fig. 1, 2*) als auch an den beiden Körperenden, wo die Muskelschichten sich auflösen und das Bindegewebe etwas reichlicher wird, einer scharfen Begrenzung. Ich nenne sie die *lacunare Leibeshöhle*. Wenn es einmal gelingen wird, Embryonen von Chætoderma zu bekommen, wird es sich wohl zeigen, wie diese Höhle entstanden ist. Nach Untersuchungen erwachsener Thiere macht sie auf mich den Eindruck, als ob sie durch Zusammenfliessen der grossen Lacunen des spärlichen Bindegewebes entstanden sein könnte.

Die lacunare Leibeshöhle ist, wie auch HANSEN gesehen hat, durch zwei theils bindegewebige, theils muskulöse Scheidewände in drei Kammern getheilt. Die eine dieser Scheidewände ist vertical, ich nenne sie *Diaphragma* (*Septum* HANSEN), die andere ist horizontal und es ist nicht einzusehen, weshalb sie den von v. GRAFF gegebenen Namen *Septum* nicht behalten solle. HANSEN nennt sie indessen Diaphragma.

Das Diaphragma ist an der Grenze zwischen Praeabdomen und Postabdomen ausgespannt. (*Taf. I, Fig. 9, D; Taf. II, Fig. 2 D.*) Durch dieses wird *die hintere Kammer* von dem weitaus grösseren, vorderen Abschnitt der lacunaren Leibeshöhle abgeschieden. Dieser wird durch das Septum in eine *obere* und eine *untere Kammer* getheilt. Die hintere Kammer enthält das Pericardium mit dem Herzen, die Cloakengänge, den hinteren Theil des Enddarmes, die branchiale Ganglioncommissur und die Kiemenretractoren. Die obere Kammer enthält den Darm, die Mitteldarmdrüse und den Genitalsinus. Die untere Kammer, welche keine Organe enthält, wird nicht nur bei Chaetoderma sondern bei den Solenogastren überhaupt von den Autoren als Bauchgefäss oder ventraler Blutsinus bezeichnet. Zwar ist es sehr glaublich, dass die Kämmerung der Leibeshöhle für die Circulation von Bedeutung ist, wie es bei denjenigen Anneliden, welche Blutgefässe entbehren, in hohem

Grade der Fall ist,[1] es giebt aber nichts desto weniger gar keinen Grund die untere Kammer als eine Art Blutgefäss oder Blutsinus zu betrachten, denn erstens ist sie keineswegs reicher an Blut oder Blutkörperchen als die obere oder die hintere Kammer, und zweitens steht sie bei keiner untersuchten Art mit dem Herzen oder mit einem Blutgefäss in Verbindung.

## Verdauungsorgane.

Der *Darm* ist cylindrisch, fast gerade und einfach, ohne die sonst bei den Solenogastren allgemein vorkommenden seitlichen Ausbuchtungen. Man unterscheidet drei Hauptabschnitte, *Vorderdarm*, *Mitteldarm* und *Enddarm* (*Taf. VI, Fig. 12*). Der Vorderdarm, welcher nicht zwei mm Länge erreicht, liegt im Kopflappen und in dem vorderen Theil des Prothorax. Durch die kleine, terminale, spaltförmige Mundöffnung gelangt man zuerst in einen vorderen, engeren Abschnitt, welcher allmählich in eine weite *Schlundhöhle* übergeht. Die untere Schlundwand trägt die *Zunge* mit der eigentlich nur von einem einzigen Zahn repräsentierten *Radula*.

An der Uebergangsstelle von dem Schlunde zu dem Mitteldarm ist jener bedeutend verengt und ragt trichterförmig in diesen hinein. (*Taf. II, Fig. 1*). Der Mitteldarm ist ein gerades Rohr, welches ohne scharfe Grenze in den Enddarm übergeht. Anatomisch kann man die Einmündungsstelle der Mitteldarmdrüse als Grenze zwischen dem Mitteldarm und dem Enddarm bezeichnen, weil sich das Lumen des Darmes hier bedeutend verengt. Das Epithel ist jedoch ein oder zwei mm hinter dieser Stelle noch dem Mitteldarmepithele ziemlich gleich.

Der Enddarm liegt an der linken Seite des Thieres in dem Winkel zwischen der Mitteldarmdrüse und dem Geschlechtsorgane. (Die auf der *Taf. III, Fig. 11, 12* abgebildeten Schnitte sind von vorn gesehen). In dem Postabdomen liegt jedoch der Enddarm symmetrisch in der Medianebene. Nachdem er das Diaphragma durchbohrt hat, biegt er sich allmählich nach unten unter das Pericardium und die branchiale Gangliencommissur und gelangt zwischen die Cloakengänge und die ventralen Kiemenretractoren zu der Cloake, wo er ventral zwischen den Kiemen mündet. Die ventrale Wand des Darmes setzt über die Cloakenwand noch eine Strecke weit fort, eine offene Rinne bildend. (*Taf. I, Fig. 12, A*; *Taf. IV, Fig. 23.*)

Von Drüsen, welche ihr Secret in den Darmcanal entleeren, giebt es ausser der grossen *Mitteldarmdrüse* auch noch *Buccaldrüsen* und *Speicheldrüsen* (*Taf. II, Fig. 7 S p*), welche jedoch von v. GRAFF und HANSEN nicht beobachtet worden sind.

Die Mitteldarmdrüse streckt sich durch das ganze Praeabdomen. Sie ist einfach, blinddarmförmig, mit unregelmässigen, sehr kleinen seitlichen Ausbuchtungen. Ihr vorderes Ende mündet in den Darm durch eine sehr kleine Öffnung aus. Die obere Seite ist mit dem Genitalsinus verwachsen.

[1] EISIG I, p. 679, 683; WIRÉN I, p. 34.

## Geschlechtsorgane. Pericardium.

Ueber dem Darme liegt in dem Abdomen ein grosser, hohler, mit einer inwendigen Epithelauskleidung versehener Sack, dessen Form von der nach einer Schnittserie construierten *Fig. 10, Taf. I* gezeigt wird. Er ist im ganzen Praeabdomen nach unten mit der Mitteldarmdrüse und nach oben mit dem Rückengefässe verwachsen. Mit dem Dache der lacunaren Leibeshöhle hängt er dagegen nur hie und da mittels Bindegewebezellen zusammen. Nach vorn wird der Sack allmählich verjüngt und läuft schliesslich in einer Spitze aus. Seine Länge ist immer constant, er reicht nämlich eben so weit nach vorn wie die Mitteldarmdrüse, die Breite ist aber sehr schwankend und hängt von der Entwicklungsstufe der Geschlechtsstoffe ab. Beiderseits des Diaphragma ist der Sack bedeutend verengt (*Taf. I, Fig. 10; Taf. III, Fig. 13. Pg*) und durch das Rückengefäss, welches hier sowohl mit der unteren als mit der oberen Wand verwachsen ist, in zwei Gänge getheilt. Im Metabdomen vereinigen sich die Gänge wieder und erweitern sich zu einem geräumigen Schlauch (*Taf. I, Fig. 10, 12, 13; Taf. II, Fig. 2; Taf. III, Fig. 14—21 P*) welcher nach hinten über das hintere Rückengefäss einen Fortsatz ausschickt. (*Taf. IV, Fig. 22—24 P₁*).

Das sackförmige Organ zerfällt also in drei Abschnitte. Der vordere und bei weitem grösste Theil, welcher das ganze Praeabdomen einnimmt, ist der *Genitalsinus* (oder die *Geschlechtsdrüse*), in welchem die Geschlechtsproducte gebildet werden (*G d*), der hintere Abschnitt ist das *Pericardium* (*P*). Die Verbindung zwischen Pericardium und Genitalsinus wird durch den mittleren, paarigen Abschnitt, die *Pericardialgänge* (*P g*) besorgt.

## Cloakengänge.

Mit dem Pericardium communicieren zwei Gänge, welche nach aussen in die Cloake münden. Solche Gänge kommen auch bei allen übrigen untersuchten Arten der Ordnung Solenogastres vor. Sie sind von den verschiedenen Autoren theils als Ausführungsgänge der Geschlechtsorgane theils als Nephridien bezeichnet.

Ihre functionelle Bedeutung ist nicht vollständig bekannt. Es ist constatiert, dass durch sie die Geschlechtsstoffe nach aussen gelangen, es wird auch allgemein angenommen, dass sie Excretionsorgane sind. Sicher ist dies der Fall bei Chaetoderma. Ausserdem sind sie, insbesondere bei Neomenia und Dondersia, mit Anhängen verbunden, welche theils wahrscheinlich als Receptacula seminis, theils als Eiweissdrüsen, Schalen- oder Schleimdrüsen oder andere accessorische Theile der Geschlechtsorgane aufzufassen sind. Sind also die Gänge mit ihren Anhängen von physiologischem Standpunkt aus bei verschiedenen Gattungen etwas verschiedener Natur und bei einigen sogar ein Complex von mehreren Organen, so müssen sie doch morphologisch als ein Ganzes aufgefasst werden. Es ist demnach angemessen, sie mit einem Namen, der über die Function nichts aussagt, zu bezeichnen. Sie sollten dann wohl *Pericardial-Cloakengänge* oder kurzweg *Cloakengänge* heissen. [1]

---

[1] In zwei kleineren Mittheilungen über Chaetoderma (**2, 3**) habe ich früher die Cloakengänge als Nephridien bezeichnet. Aus angegebenen Gründen nehme ich nun diese Bezeichnung zurück.

Gerade über diese Organe ist die Darstellung HANSENS in Folge schlechter Erhaltung des Materials allzu unklar und schematisch. Er nennt sie zuerst Schleimdrüsen und scheint sich vorzustellen, dass sie zum Theil compacte Körper statt hohler Röhre seien. Ferner giebt er die äusseren und inneren Mündungen richtig an und zeigt, dass die Geschlechtsproducte durch die »Schleimdrüsen« passieren müssen, um nach aussen zu gelangen. Schliesslich erwähnt er, dass er in dem Lumen der Drüse kleine Kristalle angetroffen habe, was darauf hinwiese, dass die »Schleimdrüsen« möglicherweise Nieren sein sollten.

Die Cloakengänge des *Chætoderma* stimmen, ihrem allgemeinen Typus nach, genau mit den gleichwerthigen Organen der übrigen Solenogastren überein, nur sind sie viel einfacher gebaut als bei jeder anderen Species mit Ausnahme von *Lepidomenia hystrix*, wo sie nach KOVALEVSKY & MARION [1]) einfache, kurze, beinahe gerade Canäle sind.

Unsere *Figuren 10, 11* und *13 der Taf. I* stellen die äussere Gestalt der Cloakengänge und des Pericardiums, von verschiedenen Seiten gesehen, dar. Diese Figuren sind nach Modellen gezeichnet, welche folgendermassen verfertigt wurden: Zuerst wurde eine lückenlose Serie von 10 $\mu$ dicker Querschnitte verfertigt, dann wurden die Schnitte, 100-mal vergrössert, mit Hülfe einer Abbeschen Camera auf pappenen Scheiben von genau 1 mm Dicke gezeichnet. Die verschiedenen Theile wurden nun ausgeschnitten und zusammengesetzt. Durch Vergleichung mit sowohl Längs- als Querschnitten konnte ich mich davon überzeugen, dass die Modelle ganz richtig waren. Nach solchen Modellen sind auch die *Figuren 12* und *14 der Taf. I* und die *Fig. 2, Taf. II* gezeichnet. Ich glaube also, dass diese Figuren den complicierten Bau des Hinterendes ganz richtig und vollständig wiedergeben. Ausserdem sind an den *Taf. III* und *IV, Fig. 13—25* einige Querschnitte und an der *Taf. IV, Fig. 26* auch ein horizontaler Längsschnitt, welche genügende Aufschlüsse über die Form und die Lage der Cloakengänge geben, abgebildet.

Die Cloakengänge des *Chætoderma* gehen von dem hinteren Theil des Pericardiums aus. Ihre pericardialen Mündungen (*Taf. I, Fig. 13; Taf. III, Fig. 21, P c o*) sind ziemlich eng. Von diesen strecken sich die Gänge zuerst vorwärts unterhalb des Pericardiums bis zu dem Diaphragma (*Taf. II, Fig. 2*), dann biegen sie nach hinten und nach aussen um (*Taf. III, Fig. 14 C g*), um schliesslich durch die weiten cloakalen Mündungen in die Cloake jederseits der Kiemen und des Afters zu münden. (*Taf. IV, Fig. 22 —25 N*). Der vorwärts gerichtete Zweig jedes Ganges ist eng, erst gegen die Umbiegungsstelle nimmt er allmählich an Weite zu. Der retroverse Zweig ist überall weiter. Sein vorderer Theil ist breit und platt, von den ventralen und latero-ventralen Kiemenretractoren zusammengedrückt (*Taf. III, Fig. 17*), der hintere Theil ist etwas verengt und cylindrisch.

Kurz vor den cloakalen Mündungen werden die Gänge sehr tief eingeschnürt (*Taf. I, Fig. 11—13; Taf. IV, Fig. 22 N i*). Hinter den Einschnürungen erweitert sich jeder Gang zu einem grossen schiefen Trichter (*Taf. I, Fig. 12, 13 N*), dessen obere Wand kaum 0.1 mm lang ist. Die untere Wand dagegen, welche der inneren Seite der Cloake angewachsen ist, setzt sich fast zum äusseren Rand der Cloake fort. Ihre Länge beträgt bei einem 40 mm langen Individuum etwa $^1/_2 - ^2/_3$ mm. Die innere Wand des Trichters

---

[1] KOVALEVSKY & MARION 4, p. 20, Pl. II, Fig. 15, 16.

setzt sich ein wenig länger als die obere nach hinten fort und ist mit dem unteren Rand der Kieme verwachsen. (Taf. IV, Fig. 23—24). Die Länge des Cloakenganges von der Einschnürung bis zu dem Diaphragma beträgt kaum 1 mm. Die durch die Einschnürung von einander abgegrenzten Abschnitte des Cloakenganges sind nicht nur anatomisch sondern noch mehr histologisch verschieden.

Die Dimensionen, besonders die Weite der Cloakengänge, sind sehr schwankend, was nicht einfach von den verschiedenen Contractionszuständen des Hinterendes abzuhängen scheint. Gewöhnlich finden sich zwischen den Gängen und der Leibeswand grosse Hohlräume, welche mit Haemolympha angefüllt sind, aber zuweilen können die Gänge derart angeschwollen sein, dass nicht nur diese Höhlungen fast ganz schwinden, sondern auch das Pericardium und besonders der Enddarm zusammengedrückt werden. Man vergleiche die Figuren 17 und 18. Taf. III, welche Schnitte darstellen, die von derselben Stelle zweier beinahe gleich grossen Thiere entnommen sind. Dieses Verhältniss kann wohl kaum anders erklärt werden als dadurch, dass die Cloakengänge von aussen Wasser aufzunehmen im Stande sein müssen. Von den verschiedenen Zuständen der Cloakengänge hängen zum Theil die Stellung des Diaphragma und die Lage des Enddarmes ab. (Vergl. Taf. II, Fig. 2 und Taf. IV, Fig. 26).

## Nervensystem.

Ueber die gröbere Anatomie des *Nervensystems* berichtet v. Graff,[1] dass es bei Chaetoderma aus einem grossen Gehirnganglion besteht, von welchem zwei Nervenstämme jederseits entspringen, welche, nachdem sie sofort nach ihrem Ursprunge fast senkrecht zur Bauchseite herabgestiegen sind, getrennt je zwei auf jeder Seite verlaufen. »Diesen Lauf behalten sie bis zum Ursprunge der Kiemen» (d. h. zum Beginn des Körperabschnittes, welchen ich als Metabdomen bezeichnet habe). Hier vereinigen sich jederseits die beiden Nervenstämme. Die nunmehr auf zwei reducierten Stämme laufen bis zu der Stelle, wo sich die drei Kiemenmuskelpaare vereinigen, fort. Unmittelbar vor dieser Stelle steigen sie mit einem Male nach aufwärts und innen und vereinigen sich zu dem zweilappigen, dick angeschwollenen Kiemenganglion. Später berichtet derselbe Verfasser,[2] dass es ihm auch gelang, einen Schlundring und untere Schlundganglien aufzufinden. Was mit diesem Schlundring gemeint wird, geht jedoch aus seinen Angaben nicht klar hervor.

Hansen[3] bestätigt im allgemeinen die Angaben v. Graffs. Den Lauf der Nervenstämme im vorderen Ende des Körpers hat er jedoch nicht verfolgen können. Dagegen hat Hansen die Sublingualganglien, nicht aber die Sublingualcommissuren, gesehen. Schliesslich erwähnt er im Zusammenhang mit dem Nervensystem einer Gruppe von Zellen, welche hinter dem Gehirnganglion und über der Pharynx liegen. Ueber die Bedeutung und Natur dieser Zellen kann er jedoch keinen Aufschluss geben. Vermuthlich handelt es sich hier um die oberen Speicheldrüsen?

[1] v. Graff 1, p. 181.
[2] v. Graff 2, p. 568.
[3] Hansen 1, p. 18.

In der That zeigt Chætoderma bezüglich des Baues des Nervensystems noch grössere Uebereinstimmungen mit Neomenia und anderen Solenogastren, als man bisher angenommen hat. Wir werden die Verhältnisse bei Chætoderma besser aufzufassen im Stande sein, wenn wir uns zuerst erinnern, wie das Nervsystem der übrigen Solenogastren gebaut ist. Die verschiedenen Gattungen zeigen zwar beträchtliche Verschiedenheiten, der Grundtypus ist jedoch bei allen derselbe.

Folgende Theile können bei den Solenogastren vorkommen, (siehe die schematischen Holzschnittafeln 5, 6) obschon sie nicht alle bei jeder einzelnen Species vorhanden sind.

1) *Das Gehirnganglion* oder das obere Schlundganglion *G* (*ganglion cerebrale*), liegt oberhalb des Schlundes nahe bei dem vorderen Körperende.

2) *Die Buccalganglien B* (*ganglia buccalia*), liegen vor dem Gehirnganglion; nicht bei allen Gattungen wahrgenommen.

3) Von dem Gehirnganglion geht jederseits eine nach hinten (und unten) verlaufende Commissur *C l* (*commissura lateralis*) aus; fehlt bei Proneomenia (?), ist bei Chætoderma in dem Gehirnganglion eingeschlossen.

4, 5) Die seitliche Commissur spaltet sich in zwei grosse Längsstämme, ein oberer *T l d* (*truncus laterodorsalis*), Pallialstrang der Autoren, und ein unterer *T l v* (*truncus laterovenralis*), Pedalstrang der Autoren. Diese Stämme setzen sich bis zu dem hinteren Ende des Körpers fort, wo sie sich bei Chætoderma vereinigen.

6) An der Stelle, wo sich die Commissura lateralis in die zwei Längsstämme spaltet, findet sich bei Neomenia (und gewissermassen auch bei Chætoderma) eine ganglienähnliche Anschwellung *G l*, das seitliche *Ganglion*, (*Ganglion laterale*).

7) Der laterodorsale Längsstamm kann (bei Chætoderma und Lepidomenia) an seinem vorderen Ende zu einem kleinen Ganglion, *G l d* (*ganglion latero-dorsale*) angeschwollen sein.

8) Der lateroventrale Längsstamm ist immer an seinem vorderen Ende mit einem Ganglion versehen *G l v*, (*ganglion latero-ventrale*), unteres Schlundganglion der Autoren.

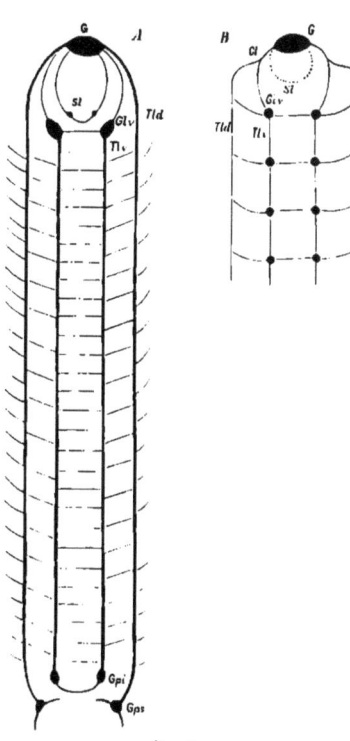

N:o 5.
Nervensystem von (A) *Proneomenia Sluiteri* und (B) von *Dondersia festiva* nach HUBRECHT.

9) Die laterodorsalen Längsstämme sind im hinteren Ende des Körpers zu Ganglien angeschwollen, welche sich mit einander gewöhnlich zu einer Ganglieneommissur vereinigen, *G p s* (*ganglion posterius superius*), hinteres Pedalganglion der Autoren.

10) Die lateroventralen Längsstämme bilden in derselben Weise zwei hintere Ganglien *G p i* (*ganglia posteriora, inferiora*), welche mit einander unter dem Enddarme in Verbindung stehen.

11) Die Längsstämme sind untereinander mittelst sowohl *lateralen* als *ventralen* Quercommissuren strickleiterartig verbunden. Bei Dondersia festiva sind die lateroventralen Längsstämme da, wo diese Commissuren abgehen, mit Ganglien versehen, wodurch sie ein perlschnurartiges Aussehen bekommen.

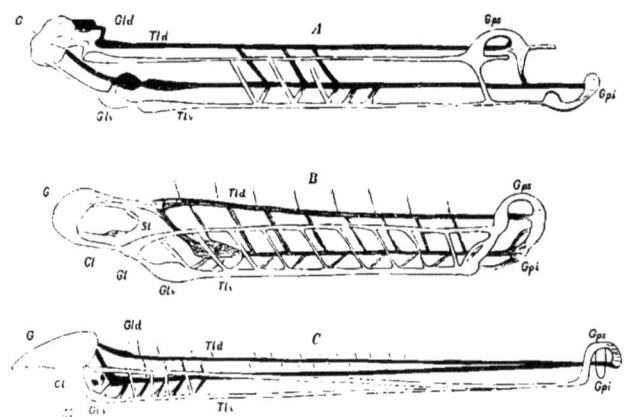

Nervensystem von (A) *Lepidomenia hystrix* nach Kovalevsky und Marion, (B) von *Neomenia Dalyelli* und (C) von *Chaetoderma nitidulum*, schematisch.

12) *Ein Eingeweide-Nervensystem* ist bei den meisten untersuchten Arten vorhanden und besteht aus den *Sublingualganglien* und den *Sublingualcommissuren S l*. Dieser Theil des Nervensystems ist bei Lepidomenia und Dondersia festiva noch nicht sicher wahrgenommen.

*Das Gehirnganglion* des Chaetoderma, welches mit den grossen *Buccalganglien* theilweise zusammengeschmolzen ist, ist ebenfalls sehr gross und aus mehreren Läppchen zusammengesetzt. Es liegt über dem vorderen, engeren Abschnitte des Vorderdarmes (*Taf. II, Fig. 1, 3 G g, B c*). Die beiden grössten, hinteren Läppchen des Gehirnganglions enthalten eine mächtig entwickelte, fibrilläre Marksubstanz (*Taf. VII, Fig. 4*). Aus dieser Substanz gehen jederseits zwei *Commissuren* hervor (*Taf. VII, Fig. 1*). Die hinteren sind *Sublingualcommissuren*. Die vorderen theilen sich schon vor ihrem Austritt aus der Rindenschicht des Ganglions in zwei Äste (*Taf. VII, Fig. 1, T l d, T l v*). Diese in Allem vier Äste treten also gesondert aus dem Ganglion hervor und setzen sich fast durch die ganze Länge des Körpers als die zwei *laterodorsalen* und die zwei *lateroventralen Nervenstämme* fort. Die *lateralen Commissuren* sowie *die lateralen Ganglien*, welche bei Neomenia vorhanden sind, fehlen wohl bei Chætoderma nicht, sondern sind nur mit dem Gehirnganglion zusammengewachsen.

Die vier Nervenstämme laufen von ihrem Ursprung zuerst gegen die Bauchfläche nieder, biegen dann nach hinten um und liegen beide dicht neben einander unter den äusseren Rändern des Septums, zum Theil von den unteren Längsmuskelbändern umgeben (*Taf. II, Fig. 4—10; Taf. III, Fig. 11—13, l N v N*). Die laterodorsalen Nervenstämme sind, wenigstens im vorderen Theil des Körpers, dünner als die lateroventralen. Beide zeigen an ihren Umbiegungsstellen längliche, ganglienähnliche Anschwellungen, *die laterodorsalen und die lateroventralen Ganglien* (*Taf. VII, Fig. 1 G l d, G l v*). Jene sind sehr klein, diese bedeutend grösser und durch eine ventrale Commissur mit einander verbunden. (*Taf. III, Fig. 4, $Q_4$*). Alle diese Ganglien, welche übrigens ihrem histologischen Bau nach von den Nervenstämmen selbst kaum verschieden sind, liegen zwischen der Leibeswand und der Pharynx, vor der Radula (*Taf. II, Fig. 3, n s*).

*Die Quercommissuren*, deren Vorkommen bei Chætoderma von HANSEN in Abrede gestellt wird, kommen in der That im vorderen Theil des Körpers sowohl zwischen den beiden lateroventralen Nervenstämmen als auch jederseits zwischen dem lateroventralen und laterodorsalen Stamme vor (*Taf. II, Fig. 1, 4, 5, Q*). Die ersten ventralen Commissuren verbinden, wie erwähnt ist, die beiden lateroventralen Ganglien und stellen somit den *Schlundring* dar. Nur die zwei vorderen ventralen Quercommissuren ($Q_1$ $Q_2$) laufen frei in die lacunare Leibeshöhle, die übrigen gehen zwischen die Längsmuskelfasern. Nach hinten zu werden sie allmählich weniger deutlich, weil sich die Fibrillen, aus welchen die Commissuren bestehen, grösstentheils sofort nach ihrem Austritt aus den Nervenstämmen nach mehreren Richtungen in die Muskulatur verbreiten. Die lateralen Quercommissuren sind dagegen fast durch den ganzen Körper deutlich zu verfolgen. Die laterodorsalen Nervenstämme schicken auch Nerven dorsalwärts aus. Die Fibrillen dieser Nerven verbreiten sich zwar in verschiedenen Richtungen in die Muskulatur, es ist doch möglich, ja sogar wahrscheinlich, dass die Nervenstämme sich mittelst dieser Nerven über dem Darme mit einander verbinden.

Wenigstens im vorderen Theil des Körpers sind die Nervenstämme an den Stellen, von welchen die Quercommissuren ausgehen, mit *ganglienähnlichen Anschwellungen* versehen (*Taf. VII, Fig. 1*). Diese Anschwellungen sind jedoch bei weitem nicht so gross wie bei Dondersia festiva.[1]

Kurz hinter dem Diaphragma vereinigen sich jederseits die Nervenstämme, so dass im Metabdomen nur ein Nervenstamm auf jeder Seite vorhanden ist. (*Taf. I, Fig. 11; Taf. III, Fig. 14—20*). Diese beiden Stämme vereinigen sich schliesslich mittelst einer grossen Gangliencommissur, *die branchiale Gangliencommissur* (*ganglion posterius, superius*), welche unter dem Pericardium, innerhalb der Cloakengänge und über dem Enddarm und den ventralen und lateroventralen Kiemenretractoren liegt. (*Taf. VII, Fig. 1 G p s*). Von dieser Gangliencommissur geht unter anderen Nerven auch *eine ringförmige*, den

---
[1] HUBRECHT 5, Pl. II, Fig. 4.

*Enddarm umfassende Commissur aus (Taf. III, Fig. 21, K G; Taf. VII, Fig. 1 G p i),* welche wahrscheinlich der Commissur zwischen den hinteren unteren Ganglien der übrigen Solenogastren entspricht.

Die Sublingualcommissuren *(Taf. II, Fig. 4, 5, Sc; Taf. V, Fig. 15)* laufen, der Schlundwand dicht anliegend, zu den *Sublingualganglien (Taf. II, Fig. 6, 7, Sg; Taf. V, Fig. 15, S g)*, welche jederseits der Radula liegen. Diese beiden Ganglien sind durch eine ventrale Commissur verbunden *(c s)*, in welcher zwei kleine Ganglien eingeschaltet sind, so dass es eigentlich vier Sublingualganglien giebt, an jeder Seite ein grösseres und ein viel kleineres *(Taf. VII, Fig. 1).*

### Sinnesorgane.

Chaetoderma entbehrt höherer Sinnesorgane. Der Mundschild, der vordere Theil der Schlundwand und die Kiemen, vielleicht auch die dorsale Grube des Hinterendes sind doch der Sitz specieller Sinneswerkzeuge.

### Circulationsorgane.

Ueber den Bau der *Circulationsorgane* finden sich in der Litteratur nur folgende Angaben von HANSEN.[1] Es giebt ein über dem Geschlechtsorgane liegendes Rückengefäss, welches sich bis zu dem Gehirn streckt, wo es sich vermuthlich öffnet. Der Theil des Rückengefässes, welcher zwischen den Kiemen und dem Septum (Diaphragma) liegt, ist mit einem erweiterten Abschnitt versehen, dessen Structur ich (HANSEN) nicht genau herausfinden konnte. Nur das habe ich gesehen, dass er mit Muskelfasern, welche in verschiedenen Richtungen laufen, versehen ist. Ich nenne diesen Abschnitt Herz und den Raum, in welchem es liegt, Pericardium.

Wir werden später auf den Bau und die Form des Herzens näher eingehen. Hier ist nur der Platz, seine Lage und Beziehungen zu den grösseren Blutbahnen anzugeben. Das eigentliche *Herz* besteht nur aus einem runden, etwas abgeplatteten Schlauch, welcher in das Pericardium eingestülpt ist *(Taf. I, Fig. 14; Taf. II, Fig. 2; Taf. III, Fig. 15 21, H).* An der dem Rücken zugekehrten Seite stehen das Herz und das Pericardium mit einander in Verbindung. Hier findet sich eine grosse, runde Öffnung, durch welche das Herz mit den lacunaren Bluträumen der Körperwand direct in Verbindung steht. *(Taf. I, Fig. 12—14; Taf. III, Fig. 19, H I).* Durch diese Öffnung treten, wie schon erwähnt ist, die oberen Kiemenretractoren in das Herz ein *(Taf. II, Fig. 2).* Ausserdem steht das Herz mit vier anderen Hohlräumen oder Gefässen in Verbindung: 1) *dem vorderen Rückengefässe (v R)*, welches bis zu dem Gehirnganglion läuft; 2) *dem hinteren Rückengefässe*, welches *(Taf. I, Fig. 14; Taf. II, Fig. 2; Taf. IV, Fig. 22—24 h R)* von einem besonderen Abschnitt des Pericardiums ($P_1$) begleitet, bis zum Rande der Cloake geht und hier zwei seitliche Äste abgiebt; 3) und 4) *den beiden Kiemenvenen, (Taf. I, Fig. 14, K v)* welche die Fortsetzung des oberen branchialen Blutsinus bilden.

[1] HANSEN I, p. 14.

Die beiden Rückengefässe öffnen sich in lacunaren Zwischenräumen des Bindegewebes, mit solchen Zwischenräumen stehen auch die ventralen branchialen Blutsinus in Verbindung. Das Herz ist an dem vorderen Ende jederseits der Wurzel des Rückengefässes mit einer kleinen blindschlauchartigen Erweiterung versehen (*Taf. I, Fig. 14*). Der in dem Pericardium eingeschlossene Theil des vorderen Rückengefässes ist von einem sehr eigenthümlichen und überaus variablen Körper (*Taf. II, Fig. 2; Taf. III, Fig. 15, H k*) unterbrochen, welcher wahrscheinlich eine rudimentäre Herzkammer ist.

## Bei Chætoderma fehlende Organe.

Einige Organe, welche sonst bei den Solenogastren allgemein vorkommen, fehlen bei Chætoderma, nämlich u. a. die »Fussdrüsen«, die sogenannten Byssusdrüsen oder Cloakendrüsen, die als Begattungsorgane oder sogenannte Liebespfeile gedeuteten grossen Stacheln, die von TULLBERG[1] beschriebenen »cord-like organs« mit ihren »stafflike bodies« und mit den in ihnen mündenden Drüsen.

## Haut.

### Geschichtliches.

Bekanntlich wird die Haut bei Chætoderma von denselben drei Theilen wie bei allen übrigen Solenogastren gebildet, nämlich von einer Epithellage (der Hypodermis), der Cuticula und den in dieser befestigten, kalkigen Nadeln oder Spicula. Die Spicula sind von vielen Beobachtern sehr genau beschrieben worden, besonders ausführlich aber von v. GRAFF[2] und THÉEL.[3] Über den feineren Bau des Epithels liegen eigentlich nur die Angaben HANSENS[4] vor. Nach diesem Verfasser sind die Hypodermzellen, welche den Ringmuskeln unmittelbar anliegen, cylindrisch, etwa zweimal so hoch wie breit. Sie enthalten einen bodenständigen Kern und in ihren oberen Theilen auch kleine Pigmentkörner. Es giebt aber auch eine erhebliche Zahl modificierter Hypodermzellen, deren Inhalt entweder als grobe Körner oder als ein feines Netz coagulirt und deren Kerne central liegen. Diese Zellen sind grösser als die übrigen Hypodermzellen, besonders im hinteren Körpertheil. Sie zeigen zwar keine Ausführungsgänge oder äussere Mündungen, der Verfasser fasst sie jedoch als einzellige Schleimdrüsen auf. Über die Entstehungsweise der Cuticula und der Nadeln finden sich in der Litteratur keine Angaben. Wenden wir uns zu den übrigen Solenogastren, so werden wir sehen, dass es auch hier eine offene Frage ist, in welcher Weise die Nadeln gebildet werden. Bezüglich der Cuticula, wird allgemein schlechtweg angenommen, dass sie von der Hypodermis abgesondert wird.

[1] TULLBERG I, p. 9, Fig. 36, 37.
[2] v. GRAFF I, p. 171.
[3] THÉEL I, p. 25.

Am genauesten ist die Entstehung der Spicula bei *Proneomenia Sluiteri* verfolgt. In seiner classischen Monographie über dieses Thier theilt Hubrecht[1] mit, dass die Haut aus einer Hypodermis besteht, welche theils eine dicke, wahrscheinlich chitinige Cuticula absondert, theils die in mehreren Schichten über einander liegenden Spicula bildet. Die Spicula treten erst als kleinste Spitzchen in der Hypodermis auf, wenn sie aber grösser werden, ragen ihre Spitzen immer mehr in die Cuticula hinein. Ihre unteren Theile sind jedoch immer in die Hypodermis eingesenkt. Je grösser die Spicula werden, je mehr heben sich die Theile der Hypodermis, in welche sie eingesenkt sind. Die fertigen Spicula sind von der Cuticula ganz umgeben, nur ihre unteren Enden stecken in einer schüsselähnlichen Gruppe von Zellen, welche mittelst eines langen Fadens mit der Hypodermis verbunden sind.

Diese sehr interessanten Angaben Hubrechts scheinen jedoch keineswegs allgemeiner Gültigkeit zu sein. Bei keiner anderen Art der Solenogastren ist es bis jetzt wahrgenommen, dass die fertigen Spicula wirklich mit Zellen in Berührung stehen. Da es aber sehr wahrscheinlich ist, dass die Spicula bei allen Solenogastren hauptsächlich in derselben Weise gebildet werden, geben also die Beobachtungen Hubrechts keine genügende Antwort auf die vorliegende Frage. Waren vielleicht die Spicula der beiden Proneomenia-Individuen, welche Hubrecht zu Gebote standen, noch nicht fertig, oder wachsen die Spicula dieser Species immer, während sie bei anderen Arten, nachdem sie eine gewisse Grösse erreicht haben, zu wachsen aufhören?

Kovalevsky und Marion[4] haben nicht weniger als vier *Proneomenia*-Arten näher untersucht. Bei allen diesen bietet die Haut sehr grosse Übereinstimmungen mit der Haut der Proneomenia Sluiteri. Immer ist die Cuticula sehr mächtig entwickelt und von langen Fortsätzen der Hypodermis durchzogen, welche mit den Hypodermispapillen der Proneomenia Sluiteri offenbar homolog sind. Sie sind nach unten fadenförmig, nach oben kolbenähnlich angeschwollen. Niemals stehen diese Fortsätze oder Papillen mit den Spicula in Verbindung, dagegen reichen sie oft bis an die Peripherie der Cuticula. Sie erscheinen dann wie geborsten und sondern Schleim ab, welcher ausserhalb der eigentlichen Cuticula sich ausbreitet. Bei *Proneomenia ragans*[2] sind auch in der Hypodermis hyaline Kugeln vorhanden, welche »des éléments muqueux sessiles«[3] darstellen. Bei dieser Art haben die Verfasser auch einige Beobachtungen über die Entwicklung der Spicula gemacht. Sie entstehen in der Hypodermis, und »leur base apparait alors (wenn sie noch nicht völlig ausgebildet sind) comme sphérique très réfringente«. Ich verstehe nicht recht, was mit diesen Worten eigentlich gemeint ist, aber es scheint, als ob die auf der Fig. $2^3$ gezeichneten hellen Kugeln um die unteren Theile der jungen Spicula her ganz dieselben Bildungen wären, wie die sessilen Schleimzellen, welche an der Fig. $3 \; g^3$ abgebildet sind.

Ausser den Proneomenia-Arten haben auch Kovalevsky und Marion ein kleines sehr interessantes Thierchen, welchem sie den Namen *Lepidomenia hystrix* gegeben haben, und welches gewiss von den bis jetzt untersuchten Solenogastren die nächste Verwandte des Chaetoderma ist, untersucht. Hier ist die Cuticula unmerkbar dünn, und die Spicula

---

[1] Hubrecht 1, p. 6, Pl. I, Fig. 7, 8.
[2] Kovalevsky & Marion 4, p. 31.
[3] Kovalevsky & Marion Pl. III.

lagern direct auf der Hypodermis. Es giebt dann natürlich keine Hypodermispapillen. Die Hypodermis besteht aus gewöhnlichen prismatischen Zellen und aus grossen braunen Kugeln, welche vielleicht entweder Drüsenzellen oder Matrixcellen der Spicula sind. Die Zahl dieser Zellen ist doch kleiner als die Zahl der Spicula.

Schliesslich ist hier noch eine vorläufige Mittheilung von PRUVOT zu erwähnen, nach welcher die Spicula bei Embryonen von *Dondersia banyulensis* in Zellen entstehen sollen und erst bei dem Zuwachsen aus diesen heraustreten.

Als ich die Untersuchungen über Chætoderma unternommen hatte, zeigte es sich bald, dass dieses Thier ein weniger geeignetes Material für die Lösung des schwierigen Problems von der Spiculabildung darbot, denn, obschon mir eine sehr grosse Zahl während verschiedener Jahreszeiten (Januar, Februar, März, April, Juli, August, September) eingefangener Individuen zu Gebote stand, ist es mir nur äusserst selten gelungen, junge Spicula zum Vorschein zu bringen. Ferner konnten nur Schnitte untersucht werden, denn die frische Haut ist ganz undurchsichtig und die Hypodermiselemente sind der Art mit der Cuticula verbunden, dass das Zerzupfen und Isolieren der Zellen nicht gut gelingt. Da ich nun die Ergebnisse meiner Untersuchungen mittheile, so geschieht dies mit völliger Anerkennung, dass die zu vorlegenden Ansichten über die Entstehung der Spicula Hypothese sind, welche wohl durch erneuerte Beobachtungen besonders an Embryonen bestätigt zu werden bedürfen.

## Beschreibung.

Das Epithel der Haut des Chætoderma ist einfach und besteht grösstentheils aus derartigen Zellen, welche HANSEN als cylindrische bezeichnet hat, und welche ich vorläufig *die eigentlichen Epithelzellen* nennen will. Sie sind indessen nicht cylindrisch, sondern weisen nach der Fixierung in den meisten Fällen die Form niederer, Stundenglasförmiger Pfeiler, zweimal so hoch (10 $\mu$) als breit (5 $\mu$), auf (*Taf. IV, Fig. 2—11, 13, 14*). Zwischen den Zellen finden sich nachdem Zwischenräume, welche natürlich in der Mitte der Epithellage die grösste Weite und im Verticalschnitt linsenförmiges Aussehen haben. Diese Zwischenräume sind überall von feinen verzweigten Fasern, welche theils die Zellen umschlingen, theils zwischen ihnen ein Netzwerk bilden, theils in die Cuticula eindringen, durchzogen (*Taf. IV, Fig. 1, 2, 4 F*).

Diese Fasern sind, wenigstens zum grossen Theil, die äussersten Verzweigungen der zahlreichen Nervenfibrillen, welche zwischen die Epithelzellen in die Haut eindringen, theils scheinen sie aber auch die Fortsätze eben der Epithelzellen zu sein, deren Grenzen sich bei Querschnitten unter starker Vergrösserung nicht gerade als regelmässig erweisen. (*Taf. IV, Fig. 1*).

Mit ihren unteren Enden sind die Zellen, was HANSEN auch angegeben hat, direkt auf der Ringmuskelschicht befestigt, ohne dass man ein dazwischenliegendes Bindegewebe oder nur einmal eine besondere Basalmembrane verspüren könnte. Obenzu gehen sie ohne irgend eine merkbare Grenze in die Cuticula über. Eine längsgestreifte Structur, von Reihen äusseret winziger Körnchen verursacht, kann beinahe stets wahrgenommen werden.

tritt aber besonders deutlich bei Gebrauch schwach macerierender Mittel hervor. Die Streifen können bis in die Cuticula verfolgt werden.

Bisweilen stösst man jedoch auf kleinere Epithelpartien, deren Zellen ein abweichendes Aussehen eigen ist. Insbesondere ist dies bei vermittels Chrom-Osmium-Essigsäure fixierten Präparaten der Fall. Hier können die Zellen nämlich an gewissen Hautstellen ohne eine Spur von Zwischenräumen aneinanderliegen (Taf. IV, Fig. 12, 15).

In solchen Fällen sind die Zellen kaum höher als breit, deutlicher von der Cuticula abgesondert, sammt nicht so unverkennbar längsgestreift, wie dies bei den Stundenglasförmigen der Fall ist.

Bei oberflächlicher Beobachtung würde man vielleicht dem Glauben zollen, dass die dicht aneinanderliegenden Zellen jüngere, die Stundenglasförmigen dagegen ältere seien. Dem kann inzwischen nicht so sein, denn die jüngeren Zellen sollten dann etwa gleichmässig zwischen den älteren zerstreut und nicht, wie es sich thatsächlich verhält, an gewissen Stellen ohne irgend welche Ordnung gesammelt vorkommen, während dass der grösste Theil des Epithels aus nur Stundenglasförmigen Zellen besteht. Vielmehr wird man der Meinung beitreten müssen, dass die dicht aneinanderliegenden Zellen derselben Art wie die Stundenglasförmigen sind, obgleich dermassen contrahiert, dass die Saftspalten zwischen ihnen gänzlich verschwunden sind. Ob die lebenden Epithelzellen ihre Form zu verändern im Stande sind, oder ob die Contraction ein durch die Fixierungsflüssigkeiten, vorzüglich durch die Oberosmiumsäure, die öfters auf weiche Theile zusammenziehend wirkt, hervorgerufenes Artefact ist, lasse ich dahin gestellt sein. Wäre letzteres indessen der Fall gewesen, würde jedoch zu erwarten sein, dass die Zellen in allen Richtungen, nicht einzig hinsichtlich der Länge, contrahiert wären.

Die Kerne, welche in dicht aneinanderliegenden Zellen dasselbe Aussehen wie in den Stundenglasförmigen Zellen zeigen, liegen in den unteren Theilen der Zellen, und sind rund, wenn die Haut ganz ausgedehnt, aber schmal und hoch, wenn sie stark contrahiert ist.

Ausser den eigentlichen Epithelzellen kommen im Epithel auch zahlreiche andre Zellen von beträchtlich wechselndem Aussehen und noch beträchtlicherem Grössenwechsel, 5—40 $\mu$ Diameter vor. Vorläufig werden wir sie alle mit dem gemeinschaftlichen Namen *rundliche Zellen* bezeichnen. Sie unterscheiden sich von den eigentlichen Epithelzellen dadurch, dass sie nach der Fixierung immer rundlich gestaltet und deutlich von der Cuticula abgesondert erscheinen, dass sie sich, obgleich die kleineren wohl mit Fortsätzen versehen sein können, doch niemals mit den Fortsätzen der eigentlichen Epithelzellen zu vereinen scheinen, dass das Protoplasma eine netzförmige oder gleichartig granulierte, nie aber eine längsgestreifte Structur aufweist und schliesslich dadurch, dass die stets runden Kerne ausser in den grössten Zellen, wo sie gewöhnlich wandständig sind, immer central gelegen sind.

Man kann drei Arten rundlicher Zellen unterscheiden; zwischen ihnen giebt es jedoch Übergangsgrade.

1) *Kleine rundliche Zellen, welche nicht von den Spicula berührt werden* (Taf. IV, Fig. 2, 17; Taf. V, Fig. 2 w, wi). Diese sind äusserst selten. Ich habe sie meistens im hintern Körperende angetroffen, wo man bisweilen 2—3 auf einem Querschnitte finden kann. Sie sind von der gleichen Grösse wie die Wanderzellen der Leibeshöhle (5 $\mu$) und

haben in Übereinstimmung mit ihnen einen kleinen Zellkörper und einen runden, centralen Kern von der Hälfte des Zelldiameters. Sie sind stets rundlich gestaltet, aber zuweilen mit kleinen pseudopodienähnlichen Fortsätzen versehen. Diese Zellen liegen in verschiedenem Niveau zwischen den eigentlichen Epithelzellen, werden jedoch auch, insbesondere im hinteren Körpertheil, wo die Cuticula am dicksten, in diese eingewachsen und von aller Berührung des Epithels völlig abgesondert angetroffen.

2) *Basalzellen.* Mit diesem Namen bezeichne ich jene rundlichen Zellen, welche von den im Wachsthum begriffenen Spicula berührt werden (*Taf. IV, Fig. 3, 6—12, 16, 17 B*). Auch diese Zellen kommen recht spärlich vor. Wenn man das ganze Thier in dünne Längsschnitte zertheilt, werden solche kaum in jedem dieser Schnitte vorgefunden. Ihre Grösse schwankt je nach der Dicke der sie berührenden Spicula. Die kleinsten, an sich in keiner Hinsicht von den Zellen der vorigen Abtheilung unterscheidbaren Basalzellen liegen zwischen den unteren Theilen dreier eigentlicher Epithelzellen, und in dem kleinen, von den oberen Theilen der drei eigentlichen Epithelzellen und der Basalzelle gebildeten dreieckigen Zwischenraum findet sich eine kleine Spiculaspitze. Je mehr die Spicula wachsen, desto mehr nehmen auch die ihnen unterliegenden Basalzellen an Breite zu; demgemäss sind sie in der Regel der Breite nach mit der Basis des Spiculum übereinstimmend. Jedoch können zuweilen zwei Basalzellen oder wenigstens eine zweikernige Zelle unter einem einzigen Spiculum liegen. Da die Spicula beinahe stets zurück geneigt sind, sind die Basalzellen an der Vorderseite am höchsten und können sich dort sogar, falls das Spiculum nahezu seinen grössten Wachsthum erreicht hat, über die eigentlichen Epithelzellen erheben; in sonstigem Falle sind sie stets kürzer als diese. Die Basalzellen haben, wenigstens in der Regel, ein deutlich netzförmiges Protoplasma und einen centralen Kern.

3) *Riesenzellen* (= modificirede Hypodermceller, HANSEN), grosse, entweder gar nicht von Spicula oder nur von ausgewachsenen berührte Zellen (*Taf. IV, Fig. 1, 3, 4, 13, 14, 18; Taf. V, Fig. 1, 2, B*). Sie gehen ohne eine scharfe Grenze in die grösseren Basalzellen über. Diese Zellen finden sich in grosser Menge. Auf Schnitten trifft man eine Riesenzelle gegen 10—15 eigentliche Epithelzellen. Thatsächlich kommen sie doch in kleinerer Procentmenge vor, da eine Riesenzelle auf mehrere Schnitte vertheilt werden kann, welches schwerlich eigentlichen Epithelzellen begegnet. Ihre Grösse ist schwankend; im Hintertheile werden sie wenigstens 40 $\mu$ breit und 20—30 $\mu$ hoch. Die Riesenzellen zeichnen sich vor allem durch ihren sehr geringen Protoplasmagehalt aus. Anstatt dessen sind sie grösstentheils von einer Masse angefüllt, welche entweder (in Chrom-Osmium-Essigsäure) zu groben, braunen Körnern erstarrt oder gänzlich von den Fixierungsflüssigkeiten gelöst wird, so dass die Zelle wie eine leere Blase erscheint, an deren Wand man gewöhnlich einen oder zwei Kerne unterscheiden kann. Bisweilen fehlen jedoch auch die Kerne. Die Riesenzellen ragen immer über die eigentlichen Epithelzellen hinaus und erstrecken sich zuweilen wohl sogar nahezu an die Peripherie der Cuticula. Hinsichtlich der Spicula verhalten sie sich ziemlich unregelmässig. Gar nicht selten trifft man ausgewachsene Spicula an, deren Basen in die Riesenzellen eingedrückt sind oder auf ihnen ruhen (*Taf. IV, Fig. 14; Taf. V, Fig. 2*) (Zwischen solchen Riesenzellen und den unter voriger Abtheilung erwähnten Basalzellen treten Übergangsformen aller Arten auf). In

der Regel werden die Riesenzellen inzwischen nicht von den Spicula berührt (*Taf. IV, Fig. 13*), obgleich sie nur durch ein dünnes Häutchen Cuticularsubstanz von ihnen getrennt zu sein pflegen.

Ausserhalb der Zellen findet sich die Cuticula, welche am vorderen Körperende recht dünn ist (*Taf. IV, Fig. 6*), nach hinten aber an Dicke zunimmt (*Taf. IV, Fig. 17*). Sie besteht aus einem structurlosen (eine Ausnahme siehe unten), durchsichtigen, geschmeidigen, aber sehr zähen Stoffe, der gewöhnlich gar nicht oder nur schwach von Haematoxylin oder Carmin gefärbt wird. Unter der Einwirkung gewisser Säuren, z. B. der Salpetersäure, schwillt er ein wenig auf, von (sogar siedender) Kalilauge wird er nur sehr langsam und nie völlig gelöst. Demnach scheint die Cuticula eigentlich aus zwei gleichmässig gemischten Stoffen zu bestehen, einem mehr resistenten und einem in Kalilauge löslichen.

An ihrer Aussenseite ist die Cuticula mit dicht gedrängten, gerundeten, mehr oder weniger tiefen Gruben versehen, welche im Umkreise den grössten Riesenzellen ungefähr entsprechen und wohl einige Male, obschon äusserst selten, sich durch die ganze Cuticula und zwischen den Epithelzellen nahezu bis an die Ringmuskelschicht erstrecken. In solchem Falle findet sich stets eine kleine niedrige Zelle auf dem Boden der Grube. (*Taf. IV, Fig. 4 Gr*).

Zwischen den Gruben stecken die völlig ausgewachsenen Kalkstacheln oder Spicula mehr oder weniger tief in der Cuticula und in Reihen geordnet, welche dieselbe Richtung wie die sich unter schiefem Winkel kreuzenden Muskelfasern verfolgen. Die Spicula haben, wie bekannt, die Gestalt dreieckiger, nach aussen scharf zugespitzter, an der Basis abgerundeter oder ein wenig unregelmässig geformter, schräge abgeschnittener Stacheln, welche im vorderen Körpertheile kurz und verhältnissmässig breit sind, nach hinten aber allmählich an Länge zunehmen. (*Taf. V, Fig. 3, 4*). Ihre Gestalt ist mit grösster Genauigkeit von THÉEL beschrieben worden, weshalb es überflüssig wäre, sie hier nochmals umständlich zu beschreiben.

Die Spicula können sich den Zellen gegenüber in drei verschiedenen Lagen befinden, wovon wir schon gelegentlich ihrer Beschreibung gesprochen.

1) Die ausgewachsenen Spicula sind in den meisten Fällen an ihrer Basis gänzlich von der Cuticularsubstanz umgeben, ohne von Zellen berührt zu werden. (*Taf. IV, Fig. 4, 5, 13, 18*). Schräge unter und vor der Basis eines jeden Spiculum findet sich inzwischen in diesem Falle am öftesten, wenn auch nicht immer, eine Riesenzelle. Die zwischenliegende stets sehr dünne Cuticularsubstanzlage wird oft stark durch Haematoxylin gefärbt und zeigt bisweilen, was übrigens sonst der Cuticula ganz abgeht, einige unregelmässig verlaufende Streifen. (*Taf. IV, Fig. 13*.)

2) Weniger häufig als im vorhergehenden Falle, aber doch nicht gerade selten stösst man auf ausgewachsene oder wenigstens fast gänzlich ausgewachsene Spicula, welche mit der Basis grosse Zellen berühren oder in solche eingesenkt sind. Derartige Zellen stimmen denn bald ihrem Inhalt nach entschieden mit Riesenzellen überein, bald verrathen sie Annäherung an Bazalzellen mit netzförmiger und ziemlich reichlicher Protoplasma.

2) Schliesslich, obschon spärlich, werden im Wachsthum begriffene Spicula angetroffen, welche stets im Epithel stecken und mit der Basis auf Epithelzellen ruhen. Bei

geringster Grösse liegen die Spicula ganz und gar in der Epithellage und werden seitwärts von drei eigentlichen Epithelzellen umfasst. Je nachdem sie wachsen, ragen sie natürlich höher in die Cuticula hinein.

Noch einige Structurverhältnisse der Haut müssen erwähnt werden. Hauptsächlich im hinteren Körpertheil sieht man häufig protoplasmatische Fortsätze der eigentlichen Epithelzellen nebst von den zwischen den Epithelzellen gelegenen Nervenfibrillen, wie es scheint, fortlaufenden feinen Fasern in die Cuticula eindringen und sich bis zur Basis eines Spiculum erstrecken. (*Taf. IV, Fig. 18, 19*). In dem Spicula entbehrenden Mundschilde kommen auch dergleichen in die Cuticula eindringende Fasern, sicherlich Verlaufungen der dort äusserst zahlreichen epithelialen Nervenfibrillen, in grosser Menge vor. (*Taf. V, Fig. 6.*)

### Folgerungen.

Die oben angeführten Thatsachen scheinen in folgender Weise gedeutet werden zu können. Die sogenannten eigentlichen Epithelzellen sind die einzigen ächten Epithelzellen und allein Matrix der Cuticula, möglich mit der Ausnahme der zwischen den Basen der Spicula und den Riesenzellen gelegenen Theilen derselben.

Die Cuticula entsteht und wächst dadurch, dass die Matrixzellen nebst stets fortschreitendem Zuwachsen ihrer unteren Theile nach oben allmählich in Cuticularsubstanz übergehen. Nur vermittels der Annahme eines solchen Cuticularisirungsvorganges, ähnlich dem von TULLBERG [2] als Ursprung des Panzers der Hummer und der Schalsubstanz an der Insertionsstelle der Muskeln bei den Muschelthieren und Schnecken bezeichneten Prozesse ist die Vorkommniss in der Cuticula eingewachsener kleiner gerundeten Zellen und Nervenfibrillen befriedigend zu erklären. Jene Theile lagen nämlich anfangs zwischen den Epithelzellen, und wurden, da deren obere Theile sich allmählich in Cuticula verwandelten, natürlich in diesen eingeschlossen. Die Lage der Spicula reden gleichfalls für diese Annahme. Sogar die jüngsten Spicula liegen zwischen Epithelzellen. Es ist kaum annehmbar, dass sie nur infolge einer »vis a tergo» die Cuticula durchdringen. Ihre schliessliche Lage wird dadurch natürlicher erklärt, dass die sie anfänglich umschliessenden Theile der Epithelzellen in Cuticula übergehen. Die Spicula wachsen demnach keineswegs durch die Cuticula hinaus, sondern wachsen mit der Cuticula, und ihre Spitzen werden durch die äussere Abnutzung der Cuticula entblösst, während diese von innen zuwächst. Diese Annahme schliesst jedoch die Möglichkeit keineswegs aus, dass die Spicula auch durch von innen wirkenden Druck emporgehoben werden können, insbesondere nachdem ihre Spitzen einmal frei sind. Einige Male beobachtete ich Schnitte, welche ihrem Aussehen nach diesen Vorgang bestätigten. (*Taf. IV, Fig. 9.*)

Die (oben provisorisch benannten) rundlichen Zellen gehören wohl eigentlich nicht dem Epithele an, sondern sind vielleicht *Wanderzellen*. Freilich konnten keine direkten Beobachtungen zur Bestätigung ihrer Einwanderung angestellt werden, sie unterscheiden sich aber einerse'ts recht wesentlich von den eigentlichen Epithelzellen, andererseits ist die Ähnlichkeit zwischen den kleineren (und jüngeren), rundlichen Zellen und den in den Muskelschichten und der lacunaren Leibeshöhle vorhandenen Wanderzellen eine so vollständige, dass kaum Zweifel an ihrer Identität entstehen können.

Einige dieser in die Haut eindringenden Wanderzellen (nämlich die unter Abth. I) erwähnten) dürften, nachdem sie zwischen die Epithelzellen angelangt sind, wohl keine fernere Rolle spielen. Sie werden schliesslich in obengenannter Weise in die Cuticula eingeschlossen. Andere, nämlich die Basalzellen, sind die Matrixzellen der Spicula. In diesem Zusammenhange mag daran erinnert werden, dass auch in der Leibeshöhle Kalkkörner enthaltende Wanderzellen angetroffen wurden. Die Spicula scheinen von langer Dauer zu sein, da man an lebenden Thieren nahezu niemals abgebrochene oder beschädigte antrifft, und da man so selten im Wachsthum begriffene Spicula bemerkt. Die Spiculaspitzen entstehen zuerst zwischen drei Epithelzellen und einer Wanderzelle. Der Raum zwischen diesen vier Zellen entspricht genau der Form der Spiculaspitze, oder richtiger: die Form der Spiculaspitze hängt von den sie umgebenden Zellen ab, ihre drei Seiten berühren die drei Epithelzellen und ihre Basis ruht auf der Wanderzelle. Ob die Epithelzellen ebenfalls zum Ausscheiden des Kalkes, aus dem ein Spiculum besteht, Beiträge liefern, mag unentschieden sein; es ist jedoch kaum wahrscheinlich, da sie schon als Cuticulaerzeuger einer bestimmten chemischen Funktion obliegen. Von dem Wachsthum der Spicula redeten wir schon oben. Anfänglich scheinen sie stets aufwärts zu streben, aber schon ehe sie sich aus dem Epithel emporheben, neigen sie sich beinahe stets schräge nach hinten, was von der bald stärkeren bald schwächeren Hebung der Vorderseite der Basalzellen abhängt.

Die Riesenzellen sind offenbar im Aussterben begriffene und mit Excretionsstoffen angefüllte Zellen. Des Umstandes halber, dass sie nicht immer deutlich von älteren Basalzellen zu unterscheiden sind, ferner wegen ihrer Lage hinsichtlich der Spicula, ist anzunehmen, dass sie wenigstens in der Regel Basalzellen älteren Stadiums sein müssen. Dieses Verhältniss wird man sich so denken müssen. Nachdem das Spiculum fertig ist und die Kalkausscheidung der Basalzelle aufgehört hat, verliert diese entweder sogleich ihre Vitalität und das Spiculum ruht dann fortdauernd auf der im Absterben begriffenen Basalzelle oder es wird zuvörderst zwischen der Basalzelle und dem Spiculum eine gewöhnlichen Falls dünne Schicht eines organischen Stoffes ausgeschieden, welches der Cuticula ähnelt, sich aber seinem Verhalten zu Haematoxylin nach als schleimiger erweist. Von den bisweilen in dieser Schicht erscheinenden Linien wird man dann und wann zur Schlussfolge verleitet, als fliesse dieser Stoff seitwärts zwischen die Basalzelle und das Spiculum, es dürfte doch wahrscheinlicher sein, dass er von der Basalzelle ausgeschieden würde; er entspräche sodann gewissermassen dem untern Theile der Spicula derjenigen Chitonen, bei welchen der obere Theil der Spicula aus Kalk, der untere aus einem organischen Stoffe gebildet wird.[1]) Schliesslich hört indessen jede Ausscheidung von der Basalzelle auf. Das von ihr erzeugte Spiculum fährt inzwischen immer fort sich mit der Cuticula emporzuheben und vom Epithel zu entfernen. Hieraus würde folgern, dass ein Zwischenraum zwischen der Basalzelle und dem Spiculum entstände, welcher nicht wie die Epithelzellen in Cuticularsubstanz übergehen und auch nicht im eigentlichen Sinne wachsen kann. Das dadurch nothwendigerweise entstehende Saugen wird gewiss hinreichend erklären, dass

[1] Vergleich RUNKE L.

die im Absterben begriffene Basalzelle zu einer Blase anschwellt, welche den erwähnten Zwischenraum ausfüllt, indem sie die obenbesagten Stoffe, die entweder von den Fixerungsflüssigkeiten gelöst werden oder als grosse Körner koagulieren, in sich aufnimmt. Die Basalzelle ist nun eine Riesenzelle geworden.

Die Riesenzellen wären also meiner Ansicht nach Wanderzellen, die, nachdem sie eine bestimmte Aufgabe gelöst haben, zerstört werden und zu Niederlagsorten von Detritus werden. Man kann also behaupten, dass sie in der Haushaltung des Thieres zum Theil dieselbe Rolle spielen, wie die sogen. Chloragogenzellen oder die mit Excreten angefüllten Wanderzellen der Anneliden.[1] Der hauptsächliche Unterschied ist der, dass sie nicht wie es bei den Anneliden der Fall ist, gänzlich durch die Segmentalorgane, deren Chætoderma entbehrt, abgeführt werden, sondern in die Haut verlegt werden, wo sie aber auch, wie wir später sehen werden, schliesslich vollständig verschwinden.

Ich war lange zweifelhaft, ob die Basalzellen selbst wirklich zu Riesenzellen wurden, oder ob diese aus andern sich gewöhnlich den Spicula unterlegenden Wanderzellen entständen. Aus schon angeführten Gründen finde ich inzwischen die erstere Alternative die wahrscheinlichere. Man muss jedoch annehmen, dass nicht alle Basalzellen zu Riesenzellen werden; man stösst nämlich zuweilen auf Spicula, die in ihrer unmittelbaren Nähe keine Riesenzellen besitzen, und die Zahl der ausgewachsenen Spicula ist überhaupt etwas grösser als die der Riesenzellen. Bisweilen findet man denn auch wohl eine Riesenzelle, welche nicht einem Spiculum unterliegt, woraus sich ergiebt, dass auch nicht alle Riesenzellen früher Basalzellen gewesen. Das Schicksal der in das Epithel gerathenen Wanderzellen ist demnach ein recht schwankendes, was sich schon daraus ergiebt, dass einige derselben in die Cuticula hineinwachsen.

Je nachdem die Cuticula von innen zuwächst, wird sie von aussen abgenutzt oder in irgend einer andern Weise vernichtet. Wenn diese Abnutzung so weit fortgeschritten ist, dass eine Riesenzelle bloss liegt, zerplatzt sie und ihr Inhalt wird verschüttet. So entstehen die Gruben an der Aussenseite der Cuticula. Die im Vorhergehenden erwähnten tiefen, in das Epithel eingesenkten Gruben bezeichnen den Ort, wo eine vor kurzem zerplatzte Riesenzelle gelegen.

## Vergleichung.

Bei einer Vergleichung der Ergebnisse unserer Untersuchung über den Bau der Haut und besonders über das Entstehen der Spicula bei *Chætoderma* mit den im Anfange dieses Kapitels referirten Angaben über den Bau der Haut der übrigen *Solenogastres* wird man finden, dass die Haut des *Chætoderma* und *Lepidomenia* wahrscheinlich ganz denselben Bau besitzen. Die »grossen braunen Kugeln«, die KOVALEVSKY und MARION bei Lepidomenia gefunden, und bezüglich welcher sie behaupten, dass sie möglicherweise Matrixzellen der Spicula sein können, dürften aller Wahrscheinlichkeit nach den Riesenzellen des Chætoderma entsprechen.

[1] Siehe u. A. KUKENTHAL 1.

Grössere Verschiedenheiten hat *Chætoderma* einerseits den *Proneomenia* und *Neomenia* andererseits gegenüber aufzuweisen. Auch bei den drei bekannten Arten der letzteren Gattung habe ich nämlich eine dicke Cuticula mit grossen Hypodermispapillen wie bei Proneomenia beobachtet. Mein Material war jedoch keineswegs so gut erhalten, dass ich den feineren Bau der Haut hätte wahrnehmen können.

Bei *Proneomenia Sluiteri* dürften sowohl die kleinen Erhöhungen der Hypodermis, in welchen die kleinsten Spiculaspitzen liegen, wie auch die grossen Papillen, welche mit den grossen Spicula in Verbindung stehen, dem entsprechen, was ich bei Chætoderma Basalzellen nannte, obgleich eine jede dieser Gebilde nicht wie jene, aus einer einzigen sondern aus mehreren Zellen, oder wie es sich aus den Figuren Hubrechts[1] ergiebt, lieber aus einem Syncytium mit zahlreichen Zellenkernen besteht.

Bezüglich *Proneomenia vagans* würde man wohl annehmen dürfen, dass die »stark lichtbrechenden Kugeln«, welche die unteren Theile der im Wachsthum begriffenen Spicula umgeben, Spicula erzeugende Zellen sind, welche den Basalzellen des *Chætoderma* entsprechen, sammt dass sie wie bei diesem Thiere, aber der *Proneomenia Sluiteri* entgegengesetzt, bald ihre Verbindung mit den Spicula einbüssen, und dann aus selbem Grunde, wie es bei Chætoderma geschah, nämlich weil sie nicht in Cuticularsubstanz übergehen konnten, mit der Cuticula zu grossen Hypodermispapillen auswachsen, welche später, nach Angabe Kovalevskys und Marions, nachdem sie durch die Abnutzung der Cuticula blossgelegt worden, zerplatzen und dann muthmasslich auch zu Grunde gehen. Diese Papillen würden dann den Riesenzellen des Chætoderma entsprechen, obgleich sie von mehreren Zellen gebildet werden. Der Grund, weshalb sie die Gestalt länglicher Papillen annehmen, ist einfach der, dass die Cuticula hier bei weitem dicker als bei Chætoderma ist.

Wiederholte Untersuchungen über den Bau der Haut der Proneomenia-Arten sind jedoch vonnöthen, damit man völlige Aufklärung über die Natur der Papillen erhalte.

## Lokale Differentierungen der Haut.

Lokale Modificationen hinsichtlich des Baues der Haut kommen bei Chætoderma an zwei Stellen vor, nämlich am Mundschilde und in der dorsalen Grube des hinteren Körpertheiles.

Das Epithel des Mundschildes besteht aus einer einzigen Lage prismatischer und dichtgedrängter, übrigens aber den eigentlichen Epithelzellen der anderen Hautstellen ähnlicher Zellen (Taf. V, Fig. 5). Gerundete Zellen im Epithel fehlen gänzlich. Die Cuticula ist dick und an der Aussenfläche völlig glatt. Von den Buccalganglien ausgehend tritt zwischen die Epithelzellen eine unerhörte Menge feiner Nervenfibrillen ein, welche nebst den Enden der Muskelfasern an der Basis des Epithels ein Wirniss von Fasern verursachen und die Grenzen der Zellen fast ununterscheidbar machen. Besonders in den Rändern des Mundschildes trifft man gar viele in die Cuticula eindringende Fasern an. Vermittels des Gebrauches gewöhnlicher Farbstoffe kann man sie ungefähr bis zur Mitte der Cuticula

[1] Hubrecht l. Pl. 1. Fig. 7. 8.

verfolgen, mit Anwendung der Golgischen Nervenfärbungsmethode sind sie aber zuweilen nahezu bis an die Peripherie der Cuticula sichtbar. Da die Nervenfibrillen in die Cuticula eindringen, indem die äusseren Theile der sie umgebenden Epithelzellen cuticularisiert wurden, sterben auch die Nervenfibrillen allmählich nach innen zu ab und hinterlassen dann in der Cuticula feine Kanäle, da sie wohl selbst nicht zu Cuticularsubstanz werden können. Sie sind es, welche bei der Golgischen Methode von silbernem Niederschlage gefüllt hervortreten. Zufolge des Reichthums an Nervenfibrillen im Mundschilde muss dieser gegen etwaige Berührung in höchstem Masse empfindsam sein. Da er nun als Grab- oder Wühlorgan dient, muss er gleichzeitig als ein specielles Gefühlsorgan betrachtet werden. Auch andre Hautstellen sind empfindsam, obleich die Nervenfibrillen nirgends in so grosser Menge auftreten als im Mundschilde. Die Spicula dürften gewiss diese Reizbarkeit noch vermehren, da sie wie Tasthaare den äusseren Druck in die Epithellage sammt deren Nerven fortpflanzen. Der Bau des Epithels ist bei Chaetoderma, wie vielleicht bei allen niederen Thieren, der Art, dass es überall Voraussetzungen für das Entstehen specieller Sinneswerkzeuge enthält. Von den äusseren Verhältnissen unter denen das Thier lebt, hängt ab, ob und an welchen Orten solche Sinneswerkzeuge zu völliger Entwickelung gerathen. Bei den in Gängen des Bodenschlammes lebenden Chaetodermen ist die Sensibilität der Haut hauptsächlich für den vorderen und den hinteren Körpertheil beansprucht worden. Dort entstanden denn auch specielle Sinneswerkzeuge, nämlich der Mundschild und die Sinnesorgane der Kiemen. Höhere Sinnesorgane, wie Augen und Gehörswerkzeuge, fehlen, was denn auch der Lebensweise des Thieres zufolge ganz natürlich ist.

Die dorsale Grube im hinteren Körperende über der Cloake ist ein keineswegs nur dem Chaetoderma eigenthümliches Gebilde. Es wird bei den meisten bekannten Solenogastres angetroffen. Jedoch ist nichts über dessen Bau bekannt, das über seine physiologische Bedeutung irgend eine sichere Aufklärung ertheilen könnte. Gewöhnlich wird es als Sinneswerkzeug in Anspruch genommen. Bei Chaetoderma ist es eine schmale, längliche Grube, deren Ränder mit kleineren Spicula bewaffnet sind und deren Boden von dicht gedrängten Zellen bekleidet, welche ein wenig höher und schmäler als die übrigen Epithelzellen der Hypodermis sind und von keinen Zwischenräumen getrennt. Cuticula und Flimmerhaare fehlen. (*Taf. I, Fig. 5, 6; Taf. V, Fig. 6*). Wenn man das Organ in frischem Zustande untersucht, sieht man, dass die Spitzen der mittleren Zellen der Gruben ein wenig über die anderen hervorragen. Ob die Zellen auch Sinneshaare tragen, kann ich nicht entscheiden, weil die Untersuchung der Grube am lebenden Thiere äusserst schwierig ist, da die Grube immer von Spicula bedeckt ist, so dass sie nur sehr undeutlich zu sehen ist. Auch an übrigens sehr gut conservierten Präparaten sieht man von Sinneshaaren und Zellenspitzen gar nichts.

– – –

## Die Muskelfasern der Leibeswand.

Die Anatomie des Muskelsystems ist schon genügend besprochen, wir haben nun den histologischen Bau der Muskelfaser etwas näher zu erörtern.

Über diesen Gegenstand berichtet von GRAFF,[1] dass die Muskelfasern im allgemeinen glatt und verästelt sein sollen und dass es ihm nicht gelungen sei, in ihnen Kerne zu finden. Einen ganz anderen Bau weisen einige in radialer Richtung verlaufenden Muskelfasern des vorderen Körperendes. Sie besitzen nämlich eine feinkörnige, einen länglichen Kern enthaltende Marksubstanz und eine äussere fibrilläre Substanz.

Nach HANSEN[2] sollen die Fasern sowohl der Ringmuskelschichten als der Längsmuskelschicht glatt, rund und kernlos sein. Dagegen sollen die Sarcolemmascheiden, von welchen die einzelnen Fasern umgeben sind, sehr reich an Kernen sein. Übrigens werden die Angaben v. GRAFFS über den Bau der radialen Fasern bestätigt.

Die Angaben HANSENS und v. GRAFFS sind zum Theil ganz richtig. Die Auffassung des erstgenannten Verfassers von dem Sarcolemma ist wohl doch nicht correct. Auch sind die beiden Arten von Muskelfasern, welche bei Chaetoderma wirklich vorkommen, in der That nicht so sehr verschieden, wie sich HANSEN und v. GRAFF vorzustellen scheinen.

Alle die Muskelfasern, welche mit einander zu Bündeln oder zusammenhängenden Schichten vereinigt sind, weisen ganz denselben Bau auf, nur sind die Längsfasern, was auch HANSEN erwähnt hat, etwas dicker als die Fasern der Ringmuskelschicht. Die Muskelzellen sind lange, fadenförmige, spitz auslaufende oder an den Enden dichotomisch verzweigte (*Taf. V, Fig. 5 m*), cylindrische Körper mit einem meistens reichlichen, feinkörnigen Protoplasma und einem länglichen, fast stäbchenförmigen Kern (*Taf. V, Fig. 8*). Nach aussen zu ist das Protoplasma, wie es scheint, etwas fester und bildet so eine Art Zellmembran oder Sarcolemma, welches an Querschnitten sehr deutlich unterschieden werden kann (*Taf. V, Fig. 10 S*). Die contractile Substanz besteht aus einem Bündel von glatten Muskelfibrillen. Quergestreifte Muskelfasern oder spiralgewundene Fibrillen kommen bei Chaetoderma nicht vor. Die fibrilläre Structur tritt am lebendigen Gewebe nicht deutlich hervor. Sie kommt jedoch bei Anwendung der verschiedensten, für diesen Zweck gebräuchlichen Reagentien sehr leicht zum Vorschein. An Querschnitten von Präparaten, welche mit Höllensteinlösung behandelt sind, sieht man sogar sehr deutlich den Querschnitt jeder einzelnen Fibrille. Das Fibrillenbündel ist seiner Form nach ziemlich unregelmässig. An Querschnitten ist sein Umkreis oft sogar sternförmig. Es tritt bei Chaetoderma sehr deutlich hervor, dass die contractile Substanz eine intracellulare Bildung ist, sie ist nämlich von allen Seiten von einer sehr deutlichen Lage von feinkörnigem Protoplasma umgeben, welche an der Seite, wo der Kern liegt, etwas dicker ist. Vielleicht hat HANSEN mit dem Wort Sarcolemma die ganze Protoplasmamasse der Muskelzelle gemeint, es wäre so erklärlich, dass er die Kerne in dem Sarcolemma sehen will.

Die Muskelzellen sind mit einander durch eine bindegewebige, mit spärlichen ovalen Kernen versehene Grundsubstanz verbunden. Diese Substanz, welche nicht einzelne Röhrchen um jede Muskelfaser her bildet, sondern aus einer homogenen Masse besteht, in welcher die Muskelfasern eingebettet liegen, entspricht aller Wahrscheinlichkeit nach der

---

[1] v. GRAFF 1, p. 174.
[2] HANSEN 1, p. 4.

bei Neomenia massenhaft entwickelten gallertigen Substanz der Leibeswand. Wenn die Muskelfasern contrahiert sind, bemerkt man zuweilen in der Grundsubstanz wellenförmige Querfaltungen, welche bei schwacher Vergrösserung eine scheinbare Querstreifung des Muskels bewirken. Ausserdem sieht man zwischen den Muskelzellen eine sehr feine Querstreifung (Taf. V. Fig. 8), welche wahrscheinlich von feinsten sarcoplasmatischen Fortsätzen, mit welchen sich die Muskelzellen unter einander verbinden, bewirkt wird. Solche Fortsätze der Muskelzellen sind von HALLER [1]) bei Chiton und von J. PANETH [2]) bei Cymbulina gefunden.

Zwischen die Muskelfasern, besonders zwischen die inneren Längsmuskelfasern, dringen zuweilen, wenn auch gar nicht allgemein, Elemente des Bindegewebes von der Leibeshöhle ein. In dieser Weise gerathen also Bindegewebefasern mit ihren Kernen zwischen die Muskelfasern. Die Kerne des Bindegewebes sind an ihrer kurzen, ovalen Form leicht von den langen Muskelkernen zu unterscheiden.

Wir haben bis jetzt nur die Muskelfasern besprochen, welche mit einander zu Bündeln oder Schichten vereinigt sind. Es giebt ja aber auch, besonders im Vorderende des Körpers, frei in die Leibeshöhle laufende einzelne Fasern. Unter diesen sind die grossen in radialer Richtung verlaufenden Fasern zu rechnen, deren Bau nach HANSEN und VON GRAFF von dem Bau der übrigen Muskelfasern abweichen soll. Im grossen und ganzen sind jedoch diese Abweichungen sehr gering. Die freien Muskelfasern, welche von den Längsfaserbündeln der Leibeswand und von dem Septum ausgehen, unterscheiden sich nach meinen Beobachtungen von den wandständigen Fasern nur dadurch, dass sie etwas dicker sind, und dass in ihnen die Fibrillen nicht nur an der einen Seite der Faser sondern allseitig entwickelt sind. Eine solche Faser besteht also aus einem centralen Plasmastrang mit dem Kern, einer peripherischen Substanz, in welche die Fibrillen eingebettet liegen, und schliesslich aus einem äusseren Sarcoplasmasaum mit dem Sarcolemma. Dazu kommt bisweilen noch eine äussere Scheide, welche aus Bindegewebe besteht und ovale Bindegewebskerne enthält. (Taf. V. Fig. 9, 10).

Zwischen den Längsmuskelbändern finden sich, wie oben erwähnt ist, vier strangförmige Körper, welche nach HANSEN ganz wie die Muskelfasern gebildet sein sollen, nur dass sie viel kleiner sind. HANSEN fasst sie demgemäss als »Muskelstränge« auf, deren Bedeutung er doch nicht ermitteln konnte.

Die Uebereinstimmung mit den Muskelfasern ist jedoch keineswegs eine vollständige. Die fraglichen Körper sind vier lange, feine Fasern, welche durch den ganzen Körper, in den Zwischenräumen, zwischen die Längsmuskelbänder verlaufen. Bald sind sie an der Leibeswand befestigt, bald sind sie frei in der Leibeshöhle aufgespannt. Sie bestehen (Taf. V. Fig. 11, 12) aus einer wie es scheint fast homogenen Substanz, in welche einige sehr feine, solide, dunkle Fäserchen eingebettet liegen. Diese Fäserchen sind etwas dicker und an den meisten Präparaten auch deutlich dunkler als die Muskelfibrillen und nicht wie diese dicht an einander gelegen sondern sehr deutlich von einander getrennt. An der einen oder anderen Seite der Faser liegen hie und da kleine blasige Zellen mit ovalen Kernen, welche den Kernen der Bindegewebszellen ähnlich sind. Die für das Muskel-

---

[1] HALLER 2, p. 331, die Note.
[2] J. PANETH. p. 263. Fig. XVIII, a.

gewebe so sehr charakteristischen stäbchenförmigen Kerne kommen in den strangförmigen Körpern niemals vor.

Was diese Gebilde sind, vermag ich nicht zu entscheiden. Es ist wohl möglich, dass es sich um eine Art rudimentärer Längsmuskelfasern handelt, obwohl ihr constantes Vorkommen und ihr nicht weniger constantes Aussehen wohl gegen eine solche Annahme zu sprechen scheint.

## Das Nervensystem.

Die Lage der grösseren Ganglien und Nervenstämme ist oben angegeben worden. Über den Bau dieser Theile theilt v. GRAFF[1] mit, dass die Ganglien und die Nervenstämme aus einer äusseren Schicht runder kleiner Zellen und einer feinkörnigen Marksubstanz bestehen. Die Nervenstämme sollen ausserdem von einer doppeltcontourierten bindegewebigen Nervenscheide mit Bindegewebskernen umgeben sein. HANSEN[2] hat im Gehirn eine faserige Marksubstanz und eine äussere Lage kleiner Körner gefunden. Vor dem eigentlichen Gehirnganglion hat er eine Menge solcher Körner und vor denselben eine Sammlung blasserer Zellen mit kleinen Kernen angetroffen, in denen er Ganglienzellen vermuthet, obgleich sie solchen nur in geringem Masse gleichen.

Wie v. GRAFF habe auch ich die grösseren Nervenstämme und Ganglien, einen Theil der Buccalganglien ausgenommen, von dünnen bindegewebigen Häutchen mit demselben Aussehen wie die die übrigen Organe des Chaetoderma umgebenden bindegewebigen Häutchen überkleidet angetroffen. Dergleichen Häutchen finden sich auch um die beiden vordersten ventralen Quercommissuren her. Die das Gehirnganglion umkleidende Bindegewebslage ist etwas dicker und entsendet Häutchen zwischen die grösseren Lappen. Gliazellen fehlen gänzlich und überhaupt kommt keine Art Bindesubstanz im Innern der Ganglien und Nervenstämme vor, was nach HALLER[3] bei Chiton und im allgemeinen bei niederen Mollusken auch nicht der Fall ist.

Das Gehirnganglion, welches bei den meisten Solenogastres (*Lepidomenia hystrix*, welche sich in diesem wie in mehrfachen anderen Fällen Chaetoderma zu nähern scheint, ausgenommen) als ein kleines, queres und dem Baue nach einfaches beschrieben wird, ist bei Chaetoderma sehr complicirt und gross. Es bildet einen zusammengedrückten, fast herzförmigen Körper von der ungefährlichen Länge eines halben Millimeters und besteht aus einer grossen Menge grösserer und kleinerer Lappen, deren umständliche Beschreibung hier zwecklos sein dürfte (*Taf. VII, Fig. 4*).

Der dem Gehirnganglion von *Proneomenia* und *Neomenia* wohl zunächst entsprechende Theil ist der hintere, den auch HANSEN »das eigentliche Gehirn« (»die beiden Hemisphären«) nannte und welche hier *die hinteren Lappen (lobi posteriores)* benannt werden

[1] v. GRAFF 1, p. 181.
[2] HANSEN 1, p. 18.
[3] HALLER 2, p. 326.

sollen. Diese bestehen aus einem Paar rundlich-ovaler, von einem Perinenrinm umgebener und also deutlich begrenzter Körper, die nach hinten mit einander verschmolzen, nach vorne durch eine Einschnürung getrennt sind (*Taf. VII, Fig. 4, L p*). Nach hinten und oben sind diese Lappen mit einem kleinen, rundlichen, unpaaren Läppchen vereinigt (*L i*). Vor den hinteren Lappen liegen eine Menge grösserer und kleinerer Gruppen von Ganglienzellen, welche nicht von besonderen bindegewebigen Häutchen umhüllt sind und demnach auch keine scharf bestimmten Grenzen aufweisen. Allen kommen Nervenfasern nur von dem vorderen Rande der hinteren Lappen und von den Buccalganglien ausgehend zu. Sie können mit einem gemeinsamen Namen *die vorderen Lappen* (*lobi anteriores*) genannt werden. (*Taf. VII, Fig. 4 L a*). Die seitlichen Theile des Gehirnganglion bestehen aus zwei grossen Haufen von Ganglienzellen, welche sich von vorne gesehen nicht deutlich von den lobi anteriores unterscheiden. Sie verbinden sich theils mit Nervenfasern, welche von den Seiten der hinteren Lappen ausgehen, theils mit den lateralen Nervenstämmen. Es scheint deswegen annehmlich, dass diese Lappen den Seitenganglien von Neomenia entsprechen.[1] Sie können *Seitenlappen* (*lobi laterales*) benannt werden (*Taf. VII. Fig. 4 L. l.*).

Sowohl die hinteren wie die Seitenlappen bestehen beinahe ausschliesslich aus kleinen Zellen (»Körnern«, HANSEN; -kleinen rundlichen Ganglienzellen, v. GRAFF); welche an die Zellen der sogenannten Körnerschicht im Hinterhirn eines Säugethieres erinnern. Sie besitzen einen im Verhältniss zum Zellkörper sehr grossen Kern, der ein Chromatinnetz aber kein besonderes Kernkörperchen enthält. Die Zellen liegen freilich ziemlich dicht zusammengedrängt. zwischen ihnen kann man jedoch eine Menge äusserst feiner nach allen Richtungen hinauslaufender Fasern unterscheiden (*Taf. VII. Fig. 6*).

Andere ebensolche Zellen bilden den äusseren Theil der lobi posteriores, im Innern aber bestehen diese Lappen aus einer mächtig entwickelten fibrillären Marksubstanz, welche einen scharf begrenzten Körper von gleicher Gestalt wie die Lappen bildet. Ungefähr in der Mitte des Ganglion wird diese Substanz vermittels einer dünnen, horizontellen, in der Mitte aber unterbrochenen Lage kleiner Zellen von ebenderselben Beschaffenheit wie die Zellen an der Oberfläche in einen oberen und einen unteren Theil abgetrennt (*Taf. VII, Fig. 4, 5 Z*). Übrigens enthält die Marksubstanz keine einzige Zelle und keinen Kern, sondern besteht ausschliesslich theil sans einem Wirrniss äusserst feiner Fasern, der sogen. Leydigschen Punktsubstanz. theils aus Massen von Nervenfibrillen, welche ein mehr regelmässiges Verlauf zeigen.

Im mittleren Theile der Lappen strecken sich die Nervenfibrillen grösstentheils von rechts nach links in rechtem Winkel gegen die Längsachse des Thieres (*Taf. VII. Fig. 4*). Im oberen Theile biegen sie schräge nach aussen ab in 45° Winkel gegen die Längsachse des Thieres und hier treten grosse Mengen in kleine Bündel vertheilter Fibrillen aus den hinteren Lappen hervor. Diese Fibrillen biegen theils nach vorne zu den lobi anteriores theils nach aussen zu den lobi laterales ab. In der unteren Hälfte der hinteren Lappen besteht die Marksubstanz hauptsächlich aus Punktsubstanz. Von hier gehen jedoch schräge nach vorne und nach aussen zwei Bündel von jeder Seite aus, das eine mehr median, das andere mehr seitlich. Diese Bündel vereinigen sich jederseits zu einer Commissur, die der

---

[1] HANSEN sprach denn auch wegen der Grösse des Gehirnganglion bei Chætoderma die Vermuthung aus. dass es mit den Seitenganglien verschmolzen sei.

Seitencommissur der Neomenia entspricht und aus der unteren und vorderen Ecke des Lappen hervortritt, um in den lobus lateralis, dessen unteren Theil sie durchzieht, einzutreten (*Taf. VII, Fig. 5, C. l*). Von dieser Commissur geht zuvörderst die Sublingualcommissur aus, darnach theilt sie sich im lobus lateralis in zwei Äste, deren jeder dem Gehirnganglion entspringt, und welche als die beiden lateralen Nervenstämme fortsetzen (*Taf. VII, Fig. 1*). Vom unteren Theil der lobi posteriores gehen auch vorne einige Fibrillen nach den unteren lobi anteriores.

Den lobi anteriores entspringen zahlreiche Bündel von Nervenfibrillen nach vorne zu. Theils verbreiten sie sich bald nach allen Richtungen, theils setzen sie bis zu den Buccalganglien fort (*Taf. VII, Fig. 4*), und da diese sich an allen Seiten der Mundöffnung befinden, entstehen natürlich um diese her ein wenig unbestimmt begrenzte, ringförmige Buccalcommissuren.

In der Marksubstanz der lobi posteriores finden sich, wie oben erwähnt wurde, keine Zellenkerne. So verhält es sich auch mit commissura lateralis. Dagegen kommen zwischen den von den hinteren nach den vorderen Lappen und von diesen nach den Buccalganglien gehenden Nervenfibrillen zahlreiche Zellenkerne vor, die sich von denen der Ganglienzellen durch ihre länglichere Gestalt unterscheiden (*Taf. VII, Fig. 4*).

Unter der Benennung *Buccalganglien* wird hier eine ganze Menge grösserer und kleinerer Gruppen von Ganglienzellen verstanden, die theilweise unmittelbar vor den lobi anteriores, theils noch weiter nach vorne um die Mundöffnung herum gelegen sind. Sie scheinen den unter demselben Namen von KOVALEVSKY & MARION beschriebenen Ganglienmassen von *Proneomenia ragans* zu entsprechen und nehmen, wie vorhin erwähnt wurde, von hinten zahlreiche, den lobi anteriores entspringende Nervenfibrillen auf. Die Buccalganglien enthalten keine Punktsubstanz oder irgend welche fibrilläre Substanz, sondern bestehen ausschliesslich aus Ganglienzellen von gleichwohl völlig von dem der Ganglienzellen in den übrigen Theilen des Nervensystems verschiedenem Aussehen. Sie sind drei bis viermal so gross wie diese und enthalten einen verhältnissmässig kleinen Zellenkern (von etwa der Grösse der Kerne der kleinen Ganglienzellen), in welchen ausser dem Chromatinnetz auch ein besonderes, obgleich sehr kleines rundes Kernkörperchen sich unterscheiden lässt. Theilweise der Winzigkeit des Kernes und des Kernkörperchens halber, theilweise aber auch deswegen, weil Fortsätze der Zellen äusserst schwer zu beobachten sind, da die Zellen so dicht zusammengedrängt liegen, dass sie infolge des gegenseitigen Druckes sich mit ebenen Flächen berühren, muss man HANSEN beistimmen, da er behauptet, dass diese Zellen nur in geringem Masse den Ganglienzellen ähneln. Sie erinnern thatsächlich ein wenig an Drüsenzellen. Diese Zellen sind indessen zweier Arten: einige, grösstentheils seitlich über dem Schlunde gelegen, haben ein verhältnissmässig homogenes Protoplasma, das vom Carmin stark gefärbt wird (*Taf. VII, Fig. 4 bz*). Die Mehrzahl der Buccalganglienzellen sind hingegen blass und färben sich nicht vom Carmin; ihr Protoplasma ergiebt sich deutlich als von in verschiedenen Richtungen laufenden Fäden durchzogen (*Taf. VII, Fig. 4 G b; Taf. V, Fig. 5, G b*).

Von den Buccalganglien geht eine grosse Zahl mit Zellenkernen versehener Nervenfibrillen zum Epithel der Mundöffnung und zum Mundschilde, wo sie zwischen die Epithelzellen und, wie ich zu sehen glaubte, auch in die Cuticula eindringen (*Taf. V, Fig. 5*).

Es ist indessen oft schwierig, die Nervenfibrillen von andern in den Geweben befindlichen faserigen Structuren zu unterscheiden. Varicöse Fibrillen habe ich nie bei Chætoderma weder an frischem noch an conserviertem Material beobachtet.

Die beiden seitlichen Nervenstämme bestehen bei Chætoderma wie bei übrigen Solenogastren und bei Chiton aus einem centralen fibrillären Strange und einer äusseren Lage kleiner Zellen von ebendemselben Aussehen wie die kleinen Zellen im Gehirnganglion (*Taf. V, Fig. 7*). Die fibrilläre Substanz scheint ausschliesslich aus Nervenfibrillen zu bestehen und entbehrt gänzlich der Zellenkerne. Die lateroventralen und die laterodorsalen Ganglien wie die kleinen ganglienähnlichen Anschwellungen an den Ausgangspunkten der Quercommissuren sind nur mehr oder weniger bedeutende Verdickungen der seitlichen Nervenstämme und haben mit diesen gleichen Bau. Hierbei ist zu bemerken, dass nicht nur die Zellage sondern auch die fibrilläre Substanz verdickt wird (*Taf. VII, Fig. 7—9*).

Ganz und gar denselben Bau weisen auch die beiden Sublingualganglien auf (*Taf. V, Fig. 15 S g*). Die Sublingualcommissuren entbehren hingegen fast gänzlich der Zellen und bestehen beinahe ausschliesslich aus Fibrillen und einem bindegewebigen Perineurium (*Taf. V, Fig. 15 S c*). Dies dürfte verursacht haben, dass sie von früheren Beobachtern wahrscheinlich nicht bemerkt worden sind.[1]

Ungefähr den gleichen Bau wie den der Längsstämme weist auch die grosse im hinteren Körperende gelegene Gangliencommissur auf. Die Zellage ist hier jedoch bedeutend mächtiger, besonders im oberen Theile (*Taf. VII, Fig. 10*).

Von den Quercommissuren sind die beiden vordersten unverzweigt, mit einem Perineurium versehen und wie die Längsstämme gebaut (*Taf. VII, Fig. 7 B*). Die folgenden bestehen nur aus Fibrillen ohne Zellen und entsenden Äste in die Muskeln der Leibeswand (*Taf. VII, Fig. 8*).

So wohl den Längsstämmen wie insbesondere dem hinteren Ganglion entspringen zahlreiche Nerven.

Diese bestehen nur aus Fibrillen ohne jedwede Scheide und ohne Zellenkerne. Sie lösen sich gewöhnlich bald auf und verzweigen sich in verschiedene Richtungen, so dass man in den Schnittserien die Nerven nie eine längere Strecke verfolgen kann.

## Der Verdauungsapparat.

Der Darmcanal zergliedert sich, wie schon vorhin erwähnt wurde, in drei Abschnitte, Vorderdarm, Mitteldarm und Enddarm. Die Lage dieser Theile wie auch der in den Darmcanal mündenden Drüsen wurde schon vorhin besprochen.

Die Anatomie des Verdauungsapparates ist von HANSEN[2] richtig und in mehrfacher Hinsicht auch vollständig dargestellt worden. Es kann doch seiner Beschreibung Einiges

---

[1] Es ist indessen, wie schon oben erwähnt wurde, zweifelhaft, ob der von v. GRAFF erwähnte Schlundring eine der ventralen Quercommissuren oder vielleicht eben die Sublingualcommissur sei.

[2] HANSEN 1, p. 7.

hinzugefügt werden, namentlich in Bezug auf die von HANSEN unberücksichtigten Drüsen des Vorderdarms und hinsichtlich des feineren Baues verschiedener Theile. Die Angaben v. GRAFFS wurden, wie es mir scheint, ganz befriedigend von HANSEN gedeutet und berichtigt, weshalb hier eine erneuerte Kritik derselben überflüssig sein dürfte.

## Vorderdarm.

Die Wand des Vorderdarms ist, namentlich nach vorne zu, stark muskulös und mit sowohl Ring- als Längsmuskelfasern versehen. Die letzteren stammen aus den obbesagten Retractoren des Vorderendes. Ausserdem sitzen dem Vorderdarm zahlreiche kleinere Muskelbündel und vereinzelte Fasern an, welche von den Muskelschichten der Leibeswand ausgehen. Hierdurch wie ferner durch das im vorderen Körpertheile ziemlich reichlich entwickelte Bindegewebe ist der vordere Theil der Vorderdarmwand, die nach aussen einer scharf markierten Grenze entbehrt, ziemlich fest mit der Leibeswand vereint, von welcher er keineswegs durch irgend eine grössere zusammenhängende Leibeshöhle sondern nur durch kleinere Zwischenräume, die überall von Muskeln und bindegewebigen Strängen durchkreuzt werden, getrennt wird.

Der obere Theil der unmittelbar hinter der Mundöffnung gelegenen Vorderdarmwand kann, wie oben erwähnt worden, in Gestalt einer oberhalb der Mundöffnung sitzenden Blase hervorgestreckt werden. Diese Ausdehnung wird vermuthlich davon verursacht, dass eine Menge Haemolympha durch nach vornehin fortgesetzte Contractionen der Ringmuskeln des Prothorax hervorgetrieben wird und die Darmwand an der Mundöffnung hinauspresst. Wenn die Blase eingezogen ist, besteht ihr Epithel aus cylindrischen Zellen, in ausgedehntem Zustande sind die Zellen mehr zusammen gedrückt. Zwischen diese Zellen setzen sehr zahlreiche Nervenfibrillen von den Buccalganglien ein. Die Cuticula der Haut setzt nach HANSEN ein geraumes Stück von der Mundhöhle nach innen fort. An der Blase zeigt sich indessen diese Cuticula in merkwürdiger Weise modificiert. Sie ist nämlich gleichsam zerrissen und durch verticale Ritzen in eine Menge vieleckiger Particien, etwa je eine für eine Zelle, gespalten was an den oft vorkommenden Fall erinnert, da eine Cuticula in eine Menge verticaler Stäbe zertheilt werden kann. Vermöge ihres Reichthums an Nervenfibrillen und wohl auch wegen der eigenthümlichen Beschaffenheit der Cuticula kann die Schlundblase zweifelsohne als ein specielles Sinneswerkzeug dienen, vermuthlich namentlich als Tastorgan. Eine ähnliche Schlundblase findet sich vielleicht auch bei *Lepidomenia hystrix*.[1]

Das Epithel des Vorderdarmes besteht aus prismatischen, nach vorne hin niederen, nach hinten, namentlich an dem schmalen, trichterförmigen Übergang zum Mitteldarm, stetig höheren Zellen, welche überall ausser auf der Zunge, in der Radulatasche und in der Nähe der Mundöffnung Flimmerhaare tragen (*Taf. V. Fig. 15*).

Auf dem Boden des Vorderdarmes liegen jene eigenthümlich metamorphosierten Organe, die, in wie hohem Maasse sie auch in ihrer äussern Gestalt abweichen, jedoch durch

[1] KOWALEVSKY & MARION 4, pl. I. fig. B.

ihren ganzen Bau unverkennbar ihre Homologie mit der *Radula*, der *Radulatasche* und der *Zunge* übriger Mollusken verrathen. Die Zunge (*Taf. V, Fig. 13*) bildet hier eine hohe, fast ringförmig emporragende Wulst des Vorderdarmbodens, hinten ist diese Wulst aber nicht, wie HANSEN behauptet, geschlossen sondern durch eine schmale Ritze unterbrochen. Die Innenseite der Wulst wird durch einen ziemlich weiten und tiefen Blindsack, die Radulatasche oder die Zungenscheide, fortgesetzt (*Taf. V, Fig. 13 R S*). Das Epithel der Zunge und der Radulatasche besteht aus prismatischen, grösstentheils niedrigen Zellen. Nur im Boden der Radulatasche finden sich einige höhere Epithelzellen, welche eine konische, papillenähnliche Erhöhung bilden (*Taf. V, Fig. 15*) und, als Matrix des Zahnes fungierend, vielleicht mit den grossen zahnbildenden Zellen — Odontoblasten RÖSSLER 1, — der höheren Mollusken homolog sind.

Die Radula selbst ist nur ein Cuticulagebilde des Epithels der Radulatasche und der Zunge. Sie besteht, wie schon HANSEN deutlich aufwies, aus einem einzigen, kegelförmigen Stachel oder Zahn, dessen Basis die ganze Radulatasche ausfüllt, sammt aus einer Cuticulalage der Zunge, die immer dicker und härter wird, je mehr sie sich der oberen Kante nähert. Der Zahn und die Cuticula der Zunge hängen an der Mitte des Zahnes zusammen (*Taf. V, Fig. 15*), was auch HANSEN bemerkte. Der Zahn ist demnach nur eine locale Verdickung der zusammenhängenden Cuticulalage, die sowohl die Zunge wie die Radulatasche bekleidet. Dies ganze Cuticulagebilde ist im Gegensatze der Hautcuticula von ausgeprägt chitiniger Structur. Es ist nämlich deutlich geschichtet (und die Schicht im Zahne am dicksten) sammt ausserdem deutlich in verticaler Richtung gestreift. Die Streifen scheinen von fadenförmigen, in die Cuticula eindringenden Fortsätzen der Zellen verursacht zu sein (*Taf. V, Fig. 15 A*). Am besten wird dies im unteren Theil des Zahnes wahrgenommen. Nur die äusseren Theile der Cuticula sind hart und braun gefärbt, die inneren Theile sind völlig farblos. Keine scharfe Grenze kann zwischen der Cuticula und den Zellen wahrgenommen werden, und ich sehe es nicht ein, weshalb diese nicht wie die Cuticula der Haut durch eine Cuticularisierung der äusseren Theile der Matrixcellen selbst entstehen könnte. Wäre dies der Fall, und davon bin ich ganz überzeugt, sollte also die Radula des Chaetoderma in einer anderen und zwar weit einfacheren Weise gebildet werden als die Radula der übrigen Mollusken, wenn nämlich die Ansichten der neueren Beobachter[1] dieses Gegenstandes wirklich ganz richtig sind, was mir doch zum Theil etwas zweifelhaft zu sein scheint.

Die Cuticula der Zunge ist, wie schon gesagt wurde, in der oberen Kante am dicksten und härtesten. Diese Kante bildet zuweilen einen glatten Ring (*Taf. V, Fig. 15*), wie HANSEN angegeben, zuweilen kann er aber auch gezähnt sein (*Taf. V, Fig. 17*), namentlich an den Seiten der Zunge rechts und links vom Zahne. Diese Zähnchen sind als rudimentäre Seitenplatten anzusehen, als Überbleibsel einer Radula, welche ehedem mehr der Gestalt einer typischen Molluskenradula glich. Zweifelsohne gaben diese übrigens nicht nur in Bezug auf ihre Vorkommniss sondern auch auf ihre Gestalt sehr variierenden Zähnchen HUBRECHT[2] den Anlass zu der übrigens falschen Angabe, der Stachel entspreche dem Radulaträger, und eine andere, eigentliche, wenn auch winzige Radula existiere wirk-

[1] RÜCKER 1, RÖSSLER 1.
[2] HUBRECHT 5, p. 328, die Note.

lich. Wahrscheinlich hat die Radula der Vorfahren des Chaetoderma einst wenigstens drei Reihen von Platten oder Zähnchen besessen, welche beinahe sämmtlich mit der Ausnahme einiger Seitenplatten, welche bisweilen, obschon in rudimentärem Zustande, erhalten sein können, nebst einer einzigen Mittelplatte, dem Stachel, welcher weiter in der Entwicklung fortgeschritten ist und ein im Verhältniss zur Grösse des Thieres bedeutendes Volumen erreichte, verloren sind.

Der innere Bau der Zunge selbst ist recht compliciert. Unmittelbar unter den Epithelzellen finden sich sowohl an der Innen- wie Aussenseite zahlreiche, sehr dicke Muskelfasern (Taf. V, Fig. 15 m) mit kürzeren Kernen als die der Muskelfasern der Leibeswand. Diese Muskelfasern können als die Fortsetzung der Muskellagen des Vorderdarms angesehen werden, obgleich sie infolge der Lage der Zunge natürlich grösstentheils eine dorso-ventrale Richtung annehmen müssen. An der Innenseite der Zunge ist die Muskellage dicker als an der äussern. Zwischen den beiden Muskellagen liegt jederseits in der Zunge ein abgeflachter ovaler Zungenknorpel (Taf. V. Fig. 15 K), den auch HANSEN bemerkte. Er wird von zahlreichen durch eine von Fasern durchsetzte Zwischensubstanz knorpeliger Consistenz vereinten Zellen gebildet. Unter jedem Zungenknorpel befindet sich eine Reihe multipolarer Ganglienzellen, von einem spärlichen Bindegewebe umkleidet. (Taf. V, Fig. 15 G l).

Die Muskellage unter dem Epithel hört da auf, wo die Innenseite der Zunge in die Radulatasche übergeht. Der Radulasack besteht aus zwei Schichten, einer nur vom Epithel gebildeten innern, und einer äussern, die aus einem ziemlich dünnen, bindegewebigen Häutchen mit Kernen besteht. Nach vorne, hinten und unten sind diese beiden Schichten mit einander verbunden, seitwärts sind sie aber durch eine geräumige Höhlung unter den Zungenknorpeln und den ebenerwähnten Ganglienzellen getrennt. Diese Höhlung ist mit Hæmolympha angefüllt und enthält ausserdem fast stets zahlreiche Wanderzellen. (Taf. V, Fig. 15 H). Ihre Bedeutung liegt sicherlich in dem Umstande, dass sie die Zufuhr von Nahrungsstoffen zu den bodenliegenden Zellen des Radulasackes, denen das Wachsthum des Zahnes obliegt, wozu natürlich viel Material erforderlich ist, erleichtert. Dem Boden der Radulatasche sitzen die 4 Paare Radulamuskeln an, die schon von HANSEN beschrieben sind. Ein Paar dieser Muskeln, das vorderste und schwächste, erstreckt sich nach vorne bis zur Leibeswand in die Nähe der Mundöffnung. 2 Paare liegen der Leibeswand an, und ein Paar streckt sich nach hinten und vereint sich mit den untern Längsmuskeln der Leibeswand. HANSEN glaubt merkwürdigerweise, dass alle diese Muskeln nur dazu dienen, den Zahn in seiner rechten Lage zu erhalten, dass sie ihn jedoch nicht nach irgend einer Seite hin zu bewegen vermögen.

Es ist dies natürlich ein Irrthum. Wenn alle Radulamuskeln gleichzeitig contrahiert werden, hebt sich die Zunge und der Zahn, der letztere berührt dann fast das Dach des Schlundes. Vermittels Contractionen der einen oder andern Muskel für sich, wird die Richtung des Stachels ein wenig modificiert, nach vorne, hinten oder seitwärts. Der Zahn kann jedoch nicht aus dem Munde herausgestreckt werden. Der Zahn kann wohl demnach keine Waffe sein, auch kein Kauwerkzeug, da er eines andern harten, gegenwirkenden Gegenstandes entbehrt. Er scheint dagegen als Organ für das Verschlingen arbeiten zu können, indem er durch seine von vorne nach hinten gehenden Bewegungen die Nahrungsstoffe durch die enge Öffnung des Mitteldarmes presst. Eine solche Function kommt unter andern bekanntlich auch der Zunge der Schnecken zu.

Das Hineinpressen der Nahrungsstoffe in den Mitteldarm wird wohl auch durch die Flimmerhaare des Vorderdarmes erleichtert. Diese sind am Schlunddache sammt um den Eingang zum Mitteldarm am kräftigsten. (*Taf. VI, Fig. 13*). Längs der beiden Seiten des Schlundes läuft auch von der Zunge nach vorne ein erhöhter Rand, dessen Flimmerhaare länger sind als die der übrigen Theile der Schlundwände. (*Taf. V, Fig. 15 S L*).

In den Vordertheil des Vorderdarmes mündet eine grosse Zahl flaschenförmiger Buccaldrüsen. (*Taf. V, Fig. 16*). Ein wenig hinterwärts finden sich vier andere Drüsen, deren zwei an dem oberen Theil der Schlundwand vor der Radula, und zwei an den Seiten vor der Zunge gelegen sind. Diese Drüsen müssen zunächst als gerundete Anhäufungen von einzelligen Drüsen mit sehr schmalen Ausführungsgängen betrachtet werden. (*Taf. 5, Fig. 14*). Jede Zelle hat ein blasses, feinkörniges Protoplasma und einen grossen Kern. Die Vorderdarmdrüsen bei Chaetoderma zeigen, wie dem scheint, eine sehr grosse Übereinstimmung mit entsprechenden Organen bei *Lepidomenia hystrix*, welche, wie schon früher gelegentlich erwähnt wurde, dem Chaetoderma von allen bekannten Thieren am nächsten zu stehen scheint. Um so mehr ist es bemerkenswerth, dass die Radula dieser beiden Gattungen solche gänzliche Verschiedenheiten aufweisen. Chaetoderma und Lepidomenia sind unter allen bekannten Mollusken diejenigen, welche die am meisten aberranten Radulaformen, obschon in einander völlig entgegengesetzter Richtung, aufweisen. Bei Chaetoderma ist ein Theil der Mittelparthie der Radula zu einem einzigen, grossen Stachel entwickelt worden, bei Lepidomenia besteht die Radula aus zwei Reihen grosser Haken, welche wahrscheinlich als Kauwerkzeuge dienen.

## Mitteldarm.

Der enge Eingang in den Mitteldarm ist ein wenig gegen diesen eingedrückt. Namentlich an der Unterseite wölbt sich der Mitteldarm ein wenig unter den Schlund hervor, aber auch bei Chaetoderma hat man eine Andeutung an den bei einigen verwandten Formen vorkommenden, nach vorn gerichteten, dorsalen Blindschlauch. Übrigens hat der Magendarm die Form eines cylindrischen, geraden Rohres. Nur bei contrahierten Individuen ist die Darmwand gefaltet und quergerunzelt.

An der Aussenseite wird die Mitteldarm-, Enddarm- und Mitteldarmdrüsen-Wand von einem äusserst dünnen, elastischen, bindegewebigen Häutchen mit zerstreuten Bindegewebskernen und mit äusserst schmalen und spärlichen, man würde geradezu sagen können: rudimentären Längs- und Ringmuskelfasern gebildet. Sowohl v. GRAFF wie HANSEN behaupten, letztere nicht wahrgenommen zu haben. Sie kommen doch hie und da vor und können deutlich als Muskelfasern daran erkannt werden, dass sie stäbchenförmige Kerne besitzen, welche jedoch kleiner als die Kerne in den Muskelfasern der Leibeswand sind. (*Taf. VI, Fig. 14*). Das bindegewebige Häutchen des Darmes ist hie und da vermittels feiner bindegewebiger Fasern mit der Leibeswand vereint.

Das Mitteldarmepithel besteht aus einer einzigen Lage kleiner, fast kubischer Zellen mit grossen Kernen. (*Taf. V. Fig. 19*). Im Übergange vom Vorderdarme zum Mitteldarme sind die Zellen hoch und mit langen Flimmerhaaren versehen, wie schon erwähnt ist, nach hinten schwinden sie rasch an Grösse, die Flimmerhaare werden gleichfalls kürzer, und hören endlich völlig auf einige *μ* hinter der Mündung. (*Taf. VI, Fig. 13*). Im Vordertheil des Mitteldarmes, etwa soviel davon, als im Prothorax enthalten ist, ist der Inhalt der Zellen nur ein feinkörniges Protoplasma ohne spürbare Mengen von Digestionssecreten. Weiter nach hinten enthält aber eine stetig wachsende Zahl von Zellen immer grössere Massen gefärbter Körner oder Fettropfen. Jede Zelle besteht dann aus einer dünnen Lage gewöhnlichen Protoplasmas an den Wänden und am Zellenboden, wo der Kern liegt, sammt in der Mitte aus einem klaren, den grössten Theil der Zelle ausfüllenden Tropfen eines durchsichtigen, halbfesten Stoffes, der oft zahlreiche, grünlich gefärbte Körner oder Fettropfen und farblose Körner enthält. Die erstere Art von Zelleninhalt kommt meistens in den Zellen der oberen Darmwand, die letztere namentlich in den ventralen Zellen vor. Dies Epithel erinnert recht lebhaft an das Epithel der Mitteldarmdrüse bei *Isopoden*,[1] bei Chaetoderma sind jedoch alle Zellen gleicher Gestalt. Der verschiedenartige Inhalt übte keine Einwirkung auf die Gestalt der Zelle aus; die Zellen, welche gefärbte Körner enthalten, liegen auch nicht in einer scharf begrenzten Zone.

## Mitteldarmdrüse.

In den Hintertheil des Magendarmes mündet die Mitteldarmdrüse, das grösste aller innern Organe bei Chaetoderma. Sie hat bekannterweise die Gestalt eines einfachen Blindschlauches mit geräumiger Höhlung. Das Organ fungiert indessen nicht als Blinddarm sondern nur als Drüse, denn man wird nie gewahr, dass Nahrungsstoffe hinein gerathen, und durch seinen eigenthümlichen histologischen Bau verräth es unverkennbar seine Übereinstimmung mit der Mitteldarmdrüse oder der sogenannten Leber übriger Mollusken.

Vermittels neuerdings, namentlich von WEBER, BARFURTH und FRENZEL (**1, 2, 3**) angestellten Untersuchungen der sogenannten Leber bei Crustaceen und Mollusken wurde erwiesen, dass dies Organ in physiologischer Hinsicht keineswegs der Leber der Vertebraten entspricht, sondern dass seine Bedeutung hauptsächlich (von den Functionen der Kalkzellen abgesehen) darin' liegt, dass es beim Verdauen wirksame Fermente absondert. Ob sie zugleich ein Excretionsorgan sei, kann freilich noch nicht völlig entschieden ausgesprochen werden, obgleich die neuesten Untersuchungen andeuten, dass dem im Allgemeinen nicht so ist. Ausser den sogenannten Kalkzellen, welche in der Leber einiger Mollusken vorkommen, welche jedoch hinsichtlich der Vergleichung mit Chaetoderma für uns kein Interesse besitzen, da dieses Thier Entsprechendes gänzlich entbehrt, enthält die Leber der Mollusken und Crustaceen gewöhnlich zwei Arten von Zellen völlig verschiedenen Aussehens, nämlich:

1) *Keulenförmige Fermentzellen* oder *Keulenzellen* FRENZEL (Fermentzellen BARFURTH), welche sich dadurch auszeichnen, dass sie eine mehr oder weniger gebauchte, insofern der Druck angrenzender Zellen es zulässt, keulenförmige Gestalt haben, dass sie nur vermittels einer schmalen Basis oder sogar ganz und gar nicht die Basalmembrane des Epithels

---

[1] WEBER 1.

berühren und schliesslich dadurch, dass sie ein als Ferment thätiges Secret bilden, welches stets die Gestalt grosser Keulen theils fester theils flüssiger Consistenz annimmt. Gewöhnlich befindet sich in jeder Zelle nur eine solche Fermentkeule, die die Zelle zum grössten Theil ausfüllt. Das Aussehen der Keulen kann übrigens recht schwankend sein. Nach BARFURTH und WEBER werden sie immer dadurch gekennzeichnet, dass sie die Nussbaumsche Fermentreaction aufweisen, d. h. dass sie ebenso rasch wie Fett die Osmiumsäure reducieren, nach FRENZEL finden sich in dieser Hinsicht unter den Mollusken grosse Verschiedenheiten vor.

2) *Körnerzellen* FRENZEL (*Leberzellen* WEBER, BARFURTH), prismatische oder sogar pyramidförmige Zellen, die nie an der Basis schmäler sind als an der Spitze oder in der Mitte. Ihre grösste Eigenthümlichkeit ist die, dass sie stets eine grössere oder geringere Menge kleiner gefärbter Körner enthalten. Oft strotzen sie dermassen von diesen Körnern, dass das Protoplasma auf ein Minimum reduciert worden ist. Ausserdem enthalten sie oft Eiweissklumpen, Fettropfen u. dergl. Die gefärbten Körner reducieren in den meisten Fällen die Osmiumsäure nicht und werden deswegen von WEBER und BARFURTH und mehreren andern nicht als Ferment betrachtet, sondern als Farbstoffe, die mit den Gallenfarbstoffen analog sind, welche von den Leberzellen ausgesondert und mit den Excrementen aus dem Körper entfernt werden. Deshalb wurden die Körnerzellen von diesen Verfassern Leberzellen genannt. FRENZEL glaubt indessen, und wie es scheint mit guten Gründen, dass die Körner nicht Excrete sein können. Eher vermuthasst er, dass sie auch Fermente sind, obgleich ihre Rolle bei der Verdauung nicht erörtert worden ist.

Bei *Chætoderma* wird die Epithellage in der Mitteldarmdrüsenwand aus zweierlei Zellen, Körner- und Keulenzellen, gebildet, welche in Bezug auf ihre Gestalt und das Aussehen des Inhalts mit den entsprechenden Zellen einer Menge anderer Mollusken übereinstimmen. Während aber diese beiden Zellenarten immer, sowohl bei Crustaceen wie bei Mollusken, mehr oder weniger regelmässig vermischt liegen, nehmen sie bei Chætoderma eigenthümlicherweise je ihre Seite der Mitteldarmdrüse in Anspruch. Ein scharf begrenztes Band längs der Rückenseite unmittelbar unter dem Genitalsinus besteht nämlich ausschliesslich aus Körnerzellen, das Epithel der Seitenwände und des untern Theils der Mitteldarmdrüse hingegen ebenso ausschliesslich aus Keulenzellen sammt aus zwischen deren niederen Theilen gelegenen jüngeren Ersatzzellen. (*Taf. III, Fig. 11. 12*).

Die Körnerzellen sind hinsichtlich ihrer Höhe ein wenig verschieden, übrigens jedoch äusserst regelmässiger Gestalt, nämlich sechsseitig prismatisch. (*Taf. VI. Fig. 1 KZ, Fig. 16*). In der Nähe der Basis haben sie einen länglichen oder runden Zellenkern und sind übrigens von kleinen grünen und braunen Körnern sammt kleinen Fettropfen angefüllt. Die Körner sind vermittels eines homogenen und, wie es scheint, halbflüssigen Stoffes zu einem länglichen Klumpen vereint, der bei Zerzupfung des frischen Gewebes leicht herausfällt und denn eiförmiger Gestalt wird. (*Taf. VI. Fig. 17. 18 C*). Die Körnerzellen sind leicht conservierbar und sind in allen meinen Schnittpräparaten ausgezeichnet gut erhalten. In den Zellen kann man indessen nie an Schnitten einen scharf begrenzten Secretionsklumpen deutlich unterscheiden. Es scheint, als ob die gefärbten Körner und Fettropfen direct in das Protoplasma eingebettet wären. Desgleichen findet man nie freie Körner führende Secretklumpen, ebensowenig geleerte Körnerzellen. Dagegen kommen sowohl im Lumen der Mitteldarmdrüse wie in dem des Mitteldarmes grosse Massen freier, gefärbter

Körner und freier Fettropfen vor. (*Taf. VI, Fig. 18 A*). Hieraus würde man folgern können, dass die Körnerzellen nicht wie die Keulenzellen ihren Inhalt mit einem Male entleeren, sondern dass die Körner und Tropfen allmählich und in kleinen Parthieen die Zellen verlassen. Nachdem das Fett durch Alkohol und Ether extrahiert worden, kann man sich davon leicht überzeugen, dass auch die gefärbten Körner die Osmiumsäure augenblicklich reducieren. Auch in Schnitten solcher Thiere, die in Flemmings Flüssigkeit fixiert wurden, sind die Körnerzellen ganz schwarz. Das jetzt von den Körnerzellen der Mitteldarmdrüse Angeführte gilt auch in Bezug auf die vorhin kurz erwähnten Körnerführenden Zellen des Mitteldarmes. Nur sind jene um ein Bedeutendes grösser als diese (80--90 $\mu$ hoch, 10—30 $\mu$ breit; hingegen resp. 30 und 20 $\mu$ im Mitteldarme) und enthalten grössere Mengen gefärbter Körner, eine geringere Menge von Fett und farblosen Körnern.

Die Keulenzellen (*Taf. VI, Fig. 15*) sind nahezu kugelig oder infolge gegenseitigen Druckes etwas kantig; sie stehen oft nur vermittels eines schaftähnlichen Fortsatzes an der Basis in Verbindung mit der Basalmembrane. Das Protoplasma ist klar, noch bei ziemlich starker Vergrösserung fast homogen mit einem Zellenkern in der Nähe der Zellenbasis; öfters kommen doch auch im Protoplasma dieser Zellen grössere oder kleinere Mengen von Fettropfen vor. Jede Keulenzelle enthält einen grossen, länglichen ·Körper, der theils aus einem mehr homogenen Stoffe, theils aus äusserst zahlreichen, aber kleinen darin liegenden Körnern von unregelmässigem Aussehen besteht, die in gehärteten Präparaten oft in eine einzige unregelmässige, gerunzelte, krümelige Masse zusammenfliessen. Dieser Secretkörper wird unversehrt hinausgestossen und behält auch, nachdem er aus der Zelle entfernt worden, seine ovale Form. Diese Körper reducieren die Osmiumsäure nicht und verhalten sich daher in dieser Hinsicht dem Inhalt der Körnerzellen völlig entgegengesetzt. Die Fermentkeulen müssen, nachdem sie die Mitteldarmdrüse verlassen, sofort aufgelöst werden, denn man trifft sie selten im Darmcanale an. Das Secret der Körnerzellen kann hingegen in geringer Menge im mittleren Theil des Darmes erwiesen werden, in den Excrementen aber habe ich nie mit Gewissheit die gefärbten Körner wiederfinden können.

Die Gestalt und der Bau der Keulenzellen wie der Körnerzellen sammt das Aussehen ihrer Secrete zeigen, dass wir es hier zweifelsohne mit Zellen gleicher Art wie die abgesonderten Zellen in der Leber übriger Mollusken zu schaffen haben. Bemerkenswerth ist jedoch das Verhalten der beiden Secretarten der Osmiumsäure gegenüber. Das Secret der keulenförmigen Fermentzellen zeigt freilich in dieser Hinsicht, wenigstens bei den Mollusken, eine grosse Variation, aber unter diesen Thieren dürfte ausser bei Chiton bisher kein Fall bekannt sein, dass der Inhalt der Körnerzellen von der Osmiumsäure gefärbt wurde.

Ob es Körner- und Keulenzellen bei übrigen Solenogastren giebt, ist noch nicht mit Gewissheit bekannt, möglicherweise sind sie in den allgemein vorkommenden paarigen Darmendivertikeln zu erwarten. Bei den nahestehenden Chitonen fehlen nach Bela Haller[1] und Frenzel[2] eigenthümlicherweise die Keulenzellen gänzlich. Chaetoderma zeigt sowohl durch viele andere Eigenschaften, wie nicht am mindesten durch das Vorkommen

---

[1] Haller 1, Nach Haller enthält jedoch das Secret der Körnerzellen dieser Thiese ein peptisches Ferment.
[2] Frenzel 3, p. 92—172.

einer kräftig entwickelten Mitteldarmdrüse, dass es eine ziemlich isolierte Stellung unter den Solenogastren behauptet.

Die beiden verschiedenen Arten von Zellen in der Mitteldarmdrüse sind von HANSEN[1] beobachtet worden, welcher sie in Kürze beschrieben und auch die Muthmassung ausgesprochen, dass die Secretion der Keulenzellen bei der Verdauung bethätigt sei. Auch v. GRAFF[2] hat diese Zellen beobachtet und vollkommen erkennbar abgezeichnet, obgleich er sie missverstand, da er das Lumen der Mitteldarmdrüse als die Leibeshöhle auffasste.

### Enddarm.

Unmittelbar hinter der Mündung der Mitteldarmdrüse behält das Darmepithel noch eine kurze Strecke dasselbe Aussehen und die Zellen denselben Inhalt, wie im Mitteldarme, aber kaum 1 mm. hinter besagter Mündung ist der Übergang vom Mitteldarmepithel zum Enddarmepithel schon vollendet. Dessen Zellen bestehen aus einem feinkörnigen blassen Protoplasma ohne gefärbte Körner oder andere Secretionsproducte und auch ohne Fetttropfen wenigstens im hinteren Theil des Enddarmes. (*Taf. VI, Fig. 19*). Nach HANSEN sollte das Enddarmepithel überall mit Flimmerhaaren versehen sein. Diese habe ich auch im Allgemeinen angetroffen, wenigstens am grössten Theil des Enddarmes, aber an einer meiner Schnittserien, wo der Enddarm grosse Excrementklumpen enthält und von diesen dermassen ausgespannt ist, dass er vier Mal so weit wie gewöhnlichen Falls ist, und dass das sonst hohe Cylinderepithel in ein niederes Pflasterepithel verwandelt wurde, kann keine Spur von Flimmerhaaren entdeckt werden, obgleich die Schnitte sehr gut conserviert sind (in Kleinenbergs Flüssigkeit) und sehr deutliche Zellenumrisse sammt an vielen anderen Stellen, an den Kiemen, in den Cloakengängen u. s. w. deutliche Cilien aufweisen. Der Enddarm wird von einer flimmernden Rinne (*Taf. VI, Fig. 9, E D*) fortgesetzt, welche an der Unterseite der Cloake festgewachsen ist und sich beinahe bis zu deren Rande erstreckt. (*Taf. I. Fig. 12. A*).

### Vorrücken des Darminhaltes.

Die äussere bindegewebige Lage der Darmwand ist freilich sehr elastisch, was insbesondere am Enddarm verspürt werden kann, da er durch die grossen Excrementklumpen bis zu vierfacher Weite ausgespannt werden kann, die Muskulatur des Darmes ist dagegen völlig rudimentär, so dass die Darmwand selbst unmöglich hinreichende active Bewegungen machen kann, um die Nahrungsmittel nach hinten zu schaffen. Die Bewegungen der Radula, die Flimmerhaare des Vorderdarmes und sogar die Bewegungen der muskulösen Vorderdarmwand können die Nahrungsstoffe nicht weiter als bis in den Mitteldarm schaffen. Ich finde es unwahrscheinlich, dass das Flimmern des Enddarmes zum Entfernen der Excrementklumpen hinreichen sollte. Dann muss es die Muskulatur der Leibeswand sein, vorzugsweise der Ringmuskeln, welche durch ihre nach hinten zu fort-

---

[1] HANSEN 1, p. 11, Taf. III, Fig. 6.
[2] v. GRAFF 1, Taf. XII, Fig. 14.

schreitenden Zusammenziehungen die Nahrungsstoffe in Bewegung versetzen. Die Wirkung dieser Bewegungen wird zweifelsohne durch die Vorkommniss eines horizontellen Septums erhöht. Der Darm ruht nämlich fast unmittelbar auf diesem und wird bei den Contractionen der Leibeswand zwischen diese und das Septum eingepresst. Da ausserdem das Septum einige Quermuskelfasern enthält, dürfte es auch direkt zum Zusammenpressen des Darmes beitragen.

Das in festem Zustande abgesonderte Secret der Mitteldarmdrüse fällt wahrscheinlich nur in Folge eigner Schwere in den Mitteldarm. Wenn sich das Thier in der Ruhelage befindet, ist ja die Mitteldarmdrüse gerade aufwärtsgerichtet mit der Mündung nach unten. Diese eigenthümliche Lage des Thieres erläutert auch das sonst ziemlich unbegreifliche Verhältniss, dass die Mündung der Mitteldarmdrüse sich im hintersten Theil des Mitteldarmes eben auf der Grenze zu dem Darmenabschnitt, in welchem wahrscheinlich keine Verdauungsarbeit verrichtet wird, befindet.

## Geschlechtsorgane, Cloakengänge und Cloake.

Über dem Darme und der Mitteldarmdrüse liegt im hinteren Körpertheil (Abdomen), wie schon oben erwähnt wurde, ein grosses, sackförmiges, grösstentheils unpaares Organ, das der *Genital-Pericardialsinus* benannt werden mag, und das in drei Abschnitte zerfällt, einen vorderen — den grössten — Theil, den *Genitalsinus*, einen mittleren, paaren Theil, die *Pericardialgänge*, die das Diaphragma durchbohren, und einen hinter dem Diaphragma gelegenen Theil, das *Pericardium*, das das Herz umgiebt und vermittels der Cloakengänge mit der Cloake in Verbindung steht. Die Gestalt und Lage jener Gänge wurde vorhin besprochen, ferner haben wir gesehen, dass jeder von ihnen in zwei durch eine tiefe Einschnürung getrennte Abschnitte, einen vorderen grossen und einen kleineren hinteren, getheilt wurde.

Über den feineren Bau dieser Organe ist bisher fast nichts bekannt. HANSEN[1] giebt an, dass er in der Keimdrüse, dem Genitalsinus, kein Epithel habe entdecken können, dass dort aber die Geschlechtsstoffe entständen. Das Thier ist getrennten Geschlechts. Die Eier sind nackt, besitzen einen fettreichen Dotter und einen grossen Kern mit Kernkörpern. Ausserdem spricht HANSEN von Blättern, die von der Oberseite der Keimdrüse sich zwischen die Geschlechtsstoffe hinunterziehen. Diese grossentheils übrigens falschen Angaben sind eigentlich die einzigen, die sich in der Literatur in Bezug auf den Bau der Geschlechtsorgane bei Chaetoderma vorfinden, denn die bei weitem ausführlichere Beschreibung v. GRAFFS der sogen. Geschlechtsorgane ist gänzlich einem Irrthum entsprungen und behandelt ganz andere Sachen als die wirklichen Geschlechtsorgane.

Die Cloakengänge, welche v. GRAFF Kiemensäcke nennt, sind auch von HANSEN erwähnt worden, über deren histologischen Bau theilt aber dieser Verfasser nichts mit.

[1] HANSEN l. c. p. 15.

## Geschlechtsorgane.

Die Wand des Genital-Pericardialsinus wird überall von einem äusseren, dünnen, bindegewebigen Häutchen und einem innern einfachen Epithel gebildet. Die bindegewebige Membrane entbehrt Muskelfasern, gleicht aber sonst dem den Darmcanal und mehrere andere Organe des Chætoderma umgebenden Häutchen, d. h. sie besteht aus einem structurlosen Häutchen mit verästelten Zellen wie die bindegewebigen Membranen so vieler anderen Mollusken.

Das Epithel ist überall deutlich und besteht grösstentheils aus einem niederen Pflasterepithel, das aus scheibenförmigen Zellen mit runden, centralen Kernen gebildet wird und der Flimmerhaare entbehrt (*Taf. VI, Fig. 1, S E, S W*). Nur in den Pericardialgängen, wo die Zellen ein wenig höher sind, finden sich Flimmerhaare (*Taf. VI, Fig. 6*). Möglicherweise finden sich auch äusserst kurze im Pericardium. An Schnitten von Thieren, die in Chrom-Osmium-Essigsäure oder in Sulpho-Picrinsäure fixiert wurden, scheint es, als ob es solche gegeben hätte, obgleich sie nicht genügend erhalten seien, um mit Gewissheit erkannt zu werden. Zufolge der Unmöglichkeit, die kleineren Organe von Chætoderma zu isolieren, habe ich dies Epithel nicht in frischem Zustand untersuchen können. Bei verschiedenen andern Solenogastren scheinen die Flimmerhaare weiter über jenes Organ verbreitet zu sein. Sowohl bei *Neomenia carinata* wie bei *N. Dalyelli* habe ich selbst gefunden, dass das Epithel des ganzen Genital-Pericardialsinus, das Keimepithel selbst einzig ausgenommen, flimmernd sein muss. Und theilweise findet nach Hubrecht[1] dasselbe Verhältniss bei *Dondersia festiva* statt. Bei den Chitonen ist auch der sterile Theil des Epithels der Keimdrüsen flimmernd.[2]

Die Geschlechtsdrüse oder der Genitalsinus ist, wie oben erwähnt wurde, ein einfacher Sack von etwa gleicher Ausdehnung wie die Mitteldarmdrüse. Sie ist ihrer ganzen Länge nach mit dieser Drüse verwachsen, und zwar so, dass derjenige Theil der letzteren, deren Epithel aus Körnerzellen besteht, gänzlich mit dem Genitalsinus zusammengewachsen ist. Zwischen diesen beiden Organen existiert eine eigenthümliche Übereinstimmung, die sich dadurch äussert, dass während des Sommers, da der Genitalsinus schmal ist, weil zu dieser Zeit ein Stillstand in der Entwicklung der Geschlechtsstoffe eintritt, auch das die Körnerzellen enthaltende Band der Mitteldarmdrüse schmälert mit sehr wenigen, 8—15, Zellen in einem Querschnitte. Zur Winterzeit hingegen, da die Fortpflanzung eintritt und in Folge dessen der Genitalsinus zu wenigstens dreimal dem Umfange angeschwellt ist, den er während des Sommers besass, dann ist auch die Mitteldarmdrüse ausgedehnt und beinahe die Hälfte ihrer Wand ist von Körnerzellen besetzt, ungefähr 40 in einem Querschnitte. Wenn die Körnerzellen am zahlreichsten vorhanden sind, sind sie jedoch gewöhnlich etwas niedriger als zur Zeit der spärlichsten Vorkommniss. (*Taf. III, Fig. 11, 12*).

Chætoderma nitidulum ist, wie Hansen es richtig angegeben, getrennten Geschlechts. Die männlichen und die weiblichen Geschlechtsorgane sind einander fast völlig gleich.

---

[1] Hubrecht 5, p. 332, Taf. II, Fig. 2.
[2] Bela Haller 1, 1, p. 52.

Bei beiden Geschlechtern erhebt sich vom Boden — nicht wie HANSEN sagt vom Dache des Genitalsinus eine längsgehende, dünne, blätterähnliche Falte, die *Keimfalte*, welche an ihren äusseren, gegen das Lumen des Genitalsinus gerichteten Seiten vom Keimepithel bekleidet ist. Beim Weibchen ist die Keimfalte öfters einfach aber stark buckelig, so dass sie im Querschnitte eine schlängelnde Linie beschreibt (*Taf. III, Fig. 11*). Sie füllt hier öfters einen bedeutenden Theil des Genitalsinus aus. Beim Männchen ist die Keimfalte öfters als beim Weibchen mit Seitenfalten versehen, so dass sie in Querschnitten eine baumförmige Gestalt (jedoch mit wenigen Ästen) bildet. (*Taf. III, Fig. 12*). Ausserdem können zuweilen seitwärts der grossen Keimfalte eine oder mehrere kleinere Falten vom Boden des Genitalsinus ausgehen, ja kleinere Keimfalten können sogar von der oberen Seite des Genitalsinus ausgehen. In der Regel findet sich jedoch bei beiden Geschlechten nur eine Keimfalte, und zwar eine ventrale. Wenn diese Keimfalte eben und vertical aufwärts gerichtet wäre, würde sie den Genitalsinus in zwei symmetrische Hälften theilen. Nun sind die Geschlechtsorgane der Solenogastren im Allgemeinen paarige Gebilde und auch bei Chaetoderma sind sie es wohl einst gewesen. Als Überbleibsel jener Zeit kann man die doppelte Scheidewand, welche die beiden Pericardialgänge von einander trennt, betrachten. Nun läge es nahe zu glauben, dass die Keimfalten des Chaetoderma ein Überbleibsel der Scheidewand der beiden Genitalsinus sei. Dass dem nicht so ist, zeigt eine Vergleichung mit *Neomenia carinata* und *Neomenia Dalyelli*, die freilich gänzlich paare Geschlechtsorgane haben, aber in jedem Genitalsinus doch Keimfalten von ebendemselben Typus haben wie Chaetoderma, obgleich complicirterer Gestalt. Eben diese Gebilde nannte TULLBERG (1) »egglamina«. Im zweiten Theile dieses Werkes werden wir die Gelegenheit beobachten, die Vergleichung zwischen Neomenia und Chaetoderma in dieser Hinsicht fortzusetzen.

Das die ganze Keimfalte bekleidende Keimepithel besteht beim Weibchen nicht aus getrennten Zellen, sondern das Ganze sieht wie eine zusammenhangende Plasmamasse mit zahlreichen Kernen aus. (*Taf. VI, Fig. 1*). Diese Kerne sind inzwischen zweierlei Art. Einige sind oval von constanter Grösse (an einem in Sulpho-picrinsäure gehärteten und mit Haematoxylin gefärbten Präparate drei $\mu$ im grössten Diameter) und enthalten einen infolge der Lage der Körner längs gewissen Linien netzförmigen Chromatinkörper. Sie werden ganz von Haematoxylin gefärbt. Die zweite Art von Kernen ist kugelig und von wechselnder Grösse. Sie sind, möglicherweise die winzigsten ausgenommen, mit einer sehr deutlichen Kernmembrane versehen und bestehen aus einem homogenen, klaren, akromatischen Stoffe sammt einer Menge verhältnissmässig grosser und gleichmässig verbreiteter färbbarer Körner, wozu ein Kernkörper (*Taf. VI, Fig. 1 $K_2$*), den jedoch die kleineren Kerne entbehren, kommt. Diese Kerne sind natürlich Keimkerne, die ersteren sind steril. Obgleich man wenigstens anfangs nicht mehr als eine Art von Protoplasma sehen kann, muss man doch annehmen, dass das Keimfaltenepithel thatsächlich aus zwei völlig getrennten Theilen bestehe oder sehr früh sich in solche differentiire, nämlich in eigentliche Keimzellen und in eine Zellenlage oder ein Syncytium, das das Follikelepithel bildet. Die Entwicklung der Eizelle, welche sogleich erörtert werden wird, rechtfertigt diesen Namen und zeigt zugleich, dass die Keimzellen im oder am untersten Theil des Follikelepithels liegen müssen.

Die kleinsten Keimkerne haben einen Diameter von 3—4 $\mu$ (an dem obbesagten in Sulpho-Picrinsäure gehärteten Präparate) und enthalten, wie erwähnt worden, noch keinen Keimfleck, sondern nur eine Menge gleichförmiger Körner (*Taf. VI, Fig. 1, $K_1$*). Man stösst auf dergleichen Kerne von bis 15 $\mu$ Diameter. In Kernen etwa dieser Grösse entsteht ein Keimfleck, der gleichfalls aus einer Menge dicht gedrängter Körner besteht, die sich anders zu mehreren Farbestoffen verhalten, als die übrigen Chromatinkörner. (*Taf. VI, Fig. 1, $K_2$*). Erst nachdem der Keimfleck entstanden ist, kann man merken, dass der Keimkern allmählich von einem besonderen, obgleich anfangs sehr kleinen Zellkörper umgeben wird. An Präparaten, die mit Chrom-Osmium-Essigsäure behandelt wurden, erweist sich dies besonders deutlich, weil das Protoplasma der Keimzellen schon von Beginn besonders reich an Fett ist. Man sieht an solchen Präparaten die jungen Keimkerne von einer Zone schwarzer Fettkugeln umgeben, die immer mächtiger wird, je mehr die Kerne wachsen. (*Taf. VI. Fig. 1, $E_1$*). An frischem Material sind nicht nur die fertigen Eizellen sondern auch das ganze Keimepithel infolge der frühen Anhäufung von Dotter völlig undurchsichtig.

HUBRECHT[1] behauptet, dass die Eizellen von *Proneomenia Sluiteri* wie die der Muschelthiere mit zwei Keimflecken versehen seien, einem kleineren, stärker lichtbrechenden, und einem grösseren matten. Dergleichen habe ich indessen nie bei *Chætoderma* entdecken können weder in grösseren noch in kleineren Eizellen.

In grösseren Eizellen (*Taf. VI, Fig. 1, $E_2$*) wachsen die Kerne bis zu bedeutender Grösse, um 60 $\mu$. Sie enthalten dann einen einzigen Keimfleck und grosse zu einem grobmaschigen Netze gereihte Chromatinkörner. Der Keimfleck und die Chromatinkörner verhalten sich einigen Farbestoffen gegenüber verschieden; jener wird z. B. von Hämatoxylin violett, diese blau gefärbt.

Während die Keimzellen wachsen, erheben sie sich stetig und bilden traubenförmige Beihänge der Keimfalten (*Taf. VI, Fig. 3*), mit denen sie durch Stiele vereinigt sind, welche den Eierstielen der Muschelthiere und Proneomenia gleichen, aber breiter und viel kürzer sind. Es zeigt sich dann, dass die Eizellen nicht nackt sind, wie HANSEN angab, sondern von einer äusserst dünnen aber deutlichen Membrane umkleidet sind, die von Follikelepithel gebildet wird und die für jenes eigenthümliche Kerne enthalten kann. Natürlich ist es die Fortsetzung dieses Follikelepithels, die die Eierstiele bildet. Diese Gebilde erscheinen am deutlichsten an frischem Material, das in der eignen Hämolympha untersucht wird. (*Taf. VI, Fig. 3*). An gehärteten Präparaten sind die Eizellen oft so zusammengepackt, dass ihre Gestalt verändert worden ist.

Die Eibildung ist demnach bei *Chætoderma* follikulär wie bei *Chiton*, obgleich die Follikeln hier viel dünnere Wände haben, sich noch dichter um die Eizellen her drängen und durch eine geringe Zahl von Zellen, ohne Grenzen einander gegenüber, gebildet werden. Wenn das Ei sich ablöst, zerbricht der Follikelstiel und das Follikel selbst umgiebt fortdauernd das Ei und bildet dessen Membrane. Noch an freien, im Genitalsinus liegenden Eiern kann man in der Membrane deutlich einen oder mehrere Follikelkerne unterscheiden (*Taf. VI, Fig. 2*).

[1] HUBRECHT, 1, p. 42.

Die Entwicklung der Spermafäden konnte ich nicht in Einzelheiten verfolgen. Beim Männchen besteht das Keimepithel aus einer Masse rundlicher Zellen, auch diese ein ziemlich fettreiches Protoplasma enthaltend (Taf. VI, Fig. 4). Die Zellen lösen sich bald von den Keimfalten ab, ehe die Spermafäden sich zu entwickeln angefangen. Sie haben anfänglich einen gerundeten centralen Kern (Taf. VI, Fig. 4, B). Auch nachdem sie frei geworden sind, wachsen sie eine Zeit lang, darnach schwindet der Kern und nach einiger Zeit tritt in der Peripherie der Zelle eine Lage zahlreicher, kleiner Körner auf (Taf. VI, Fig. 4, C), dann zerfällt die ganze Zelle in Spermafäden, wahrscheinlich ein Faden je einem Korn entsprechend. Diese Körner müssen wohl als Zellkerne betrachtet werden, und die Entwicklung der Spermafäden scheint hier durch eine *Theilung* des Kerns der Mutterzelle eingeleitet zu werden, nicht, wie HALLER[1] das Verhalten bei Chiton angiebt, durch eine Art Knospung vom Kerne.

Die völlig entwickelten Spermafäden haben eine ganz eigenthümliche Gestalt (Taf. VI, Fig. 5). Die Vorderpartie des Kopfes ist breit und vermittels einer kleinen Einschnürung vorne in zwei rundliche Seitenhälften getheilt, welche bei lebendigen Spermafäden langsame Gestaltveränderung aufweisen, so dass sie bald mehr bald weniger deutlich von einander und von der Hinterpartie abstehen. Letztere ist birnförmig mit nach hinten gerichteter Spitze. Die Schwänze sind sehr lang und nicht im hinteren Theil des Kopfes sondern vorne im Einkniff zwischen den beiden vorderen rundlichen Partien befestigt. Die Ähnlichkeit zwischen den Spermafäden bei Chaetoderma und Chiton ist sehr hervorstechend, obgleich die Köpfe scheinbar in verschiedener Richtung stehen, was davon abhängt, dass der Schwanz, anstatt wie gewöhnlich vom Befestigungspunkte in der Verlängerung der Kopflängsachsel nach hinten zu gehen, nach vorne geknickt ist, so dass das Mittelstück des Spermafadens nach vorne gerichtet wird und die Spitze des Kopfes nach hinten, oder besser, dass der Schwanz nach vorne anstatt nach hinten gerichtet wird. Der Unterschied zwischen Chaetoderma und Chiton dürfte thatsächlich nicht so erheblich sein, wie man durch eine Vergleichung meiner und HALLER's Figuren zu glauben veranlasst werden könne, denn HALLER[2] sagt, der Schwanz sei am Befestigungspunkte »geknickt«, was indessen nicht von den Figuren erhellt wird.

Aus obiger Beschreibung wird ersehen, dass der Bau der Keimdrüsen und die Entwicklung der Geschlechtsstoffe eine höchst bemerkenswerthe Übereinstimmung bei Chiton und Chaetoderma verrathen. Ausser dem in Bezug auf die Entwicklung der Spermafäden erwähnten Unterschied, der jedoch sich vielleicht als minder gross erweisen dürfte, falls die Kenntniss von diesem Vorgange bei beiden Gattungen vollständiger wäre, wird wohl kaum irgend ein anderer bemerkenswertherer Unterschied vorkommen, als dass die Keimfalten bei Chaetoderma viel weniger sind als bei Chiton, weshalb die ganze Keimdrüse jenes Thieres einen viel einfacheren Bau hat.

Die Ausführungsgänge der Generationsorgane verhalten sich inzwischen völlig verschieden. Eine genauere Vergleichung dieser Theile müssen wir für den zweiten Theil dieser Studien aufschieben.

[1] HALLER I, p. 53.
[2] HALLER I, I. p. 54, Taf. VII, Fig. 43.

## Pericardialgänge, Perikarchium.

Die Gestalt und Lage der Pericardialgänge und des Pericardialsackes kennen wir schon und der histologische Bau dieser Organe zeigt nichts Bemerkungswerthes ausser dem schon Erwähnten. Wir können daher jetzt zu den

### Cloakengängen

übergehen. Ihre Wand besteht aus einer dünnen bindegewebigen Membrane und einer Epithellage. Letztere ist im Vordertheil und Hintertheil des Cloakenganges wesentlich verschiedener Art.

Im ganzen Vordertheil des Cloakenganges von der Pericardialmündung bis zur Einschnürung nahe dem Cloakenboden besteht das Epithel aus niedrigen, kubischen Zellen mit kurzen Flimmerhaaren und runden, im untersten Zellentheil gelegenen Kernen (*Taf. VI, Fig. 7*). Bisweilen zeigen diese Zellen nichts Bemerkenswerthes in ihrem Baue, sie bestehen aus einem fast gleichmässigen, körnigen Protoplasma und behalten äusserst gut ihre Gestalt in fixierten und gehärteten Präparaten. Dergestalt waren die Bilder dieses Epithels, die mir anfänglich zu Gesichte kamen. Sie veranlassten mich zur Annahme, dass die Zellen keineswegs secretorischer Natur seien, und dass die vorderen Theile der Cloakengänge nur als Ausführungsgänge der Generationsorgane dienen sollten.[1] Später wurde ich aber durch fernere Untersuchungen überzeugt, dass dies Aussehen der Zellen nicht das gewöhnliche sei, sondern dass sie thatsächlich Drüsenzellen ebenderselben Art seien wie die Zellen im Nephridium bei Chiton, obgleich ihre excretorische Wirksamkeit nicht unablässig daure. Während der Ruhe nehmen sie obenbeschriebenes Aussehen an, welches auf der *Taf. VI, Fig. 7* dargestellt ist.

Während die Ausscheidung von den Wänden der Cloakengänge lebhaft stattfindet, zieht sich das Protoplasma der Zellen zurück und bildet nur eine dünne Lage an den Zellwänden und am Zellboden, wo der Kern sich befindet. Der ganze äussere Theil der Zelle wird von einer kugelrunden, klaren Blase homogenen, farblosen Inhalts, in deren Mitte sich wenige dunkelfarbige, rundliche Kerne befinden, angefüllt (*Taf. VI, Fig. 8*). Während die Ausscheidung stattfindet, trifft man eine solche Blase in fast jeder Zelle an, und ausserdem liegen grosse Massen ähnlicher Blasen in den Lumen der Cloakengänge angehäuft.

Ich habe nicht untersuchen können, aus welchen Stoffen die derart abgesonderten Blasen bestehen, sicherlich aber sind sie hauptsächlich Secrete, welche ohne irgend welche Verwendung aus dem Körper entfernt werden. Weder hier noch anderwärts habe ich bei Chætoderma die Absonderung eines Stoffes verspüren können, von dem man hätte glauben können, dass er zur Umhüllung der Eier diene. Diese werden wohl nicht in Schnüren oder Klumpen gelegt, wie es bei so vielen andern Mollusken der Fall ist, sondern werden wahrscheinlich frei ins Wasser geworfen.

Im hintern Theile der Cloakengänge, der bekanntlich die Gestalt eines schräge verschnittenen, grösstentheils mit der Cloakenwand zusammengewachsenen Trichters besitzt,

---
[1] Wiren 3, p. 48.

hat das Epithel ein völlig verschiedenes Aussehen und einen viel complicierteren Bau als im vorderen. Bei flüchtiger Beobachtung erinnert dies Epithel gewissermassen, obgleich es flimmernd ist, an das Epithel der sogen. Eiweissdrüse und der Hypobranchialdrüse vieler Schnecken. Noch mer scheint es der äussern Epithelzellenlage in den äussern Theilen der sogen. Nephridien bei *Proneomenia Sluiteri* und *Proneomenia rayans*, wie sie von HUBRECHT[1] und KOVALEVSKY & MARION[2] beschrieben ist, zu gleichen. An ungefärbten Präparaten scheint es nämlich, als ob es einfach von dickwandigen, niederen, sechsseitigen prismatischen Zellen mit basalen Kernen und Flimmerhaaren gebildet sei. Wenn man indessen das Verhältniss genauer untersucht, zeigt es sich, dass dies Epithel thatsächlich aus zwei völlig verschiedenen Elementen, nämlich den eigentlichen Drüsenzellen und den Flimmerzellen, besteht, welche ohne ersichtliche Grenzen mit einander zu einem Flimmersyncytium verfliessen (*Taf. VI, Fig. 9—11*).

Letzteres hat eine äusserst regelmässige Form und besteht aus dünnen, verticalen Wänden, welche tiefe, regelmässig sechsseitige Zwischenräume einschliessen. Die Wände haben demnach genau dieselbe Form wie die Wachswände einer Honigscheibe. Die Vertheilung der Zellkerne ist ebenso regelmässig wie die Gestalt des ganzen Syncytium. Man findet immer einen Kern dort, wo drei Wände zusammentreffen, die Wände selbst hingegen entbehren der Kerne. Die Kerne sind schmal und hoch, fast stäbchenförmig, sie liegen alle in gleicher Höhe in der Mitte des Syncytium oder ein wenig sich der oberen Kante nähernd. Die Flimmerhaare sind, insofern ich es sehen konnte, über die Aussenkanten des ganzen Syncytium vertheilt, in den Ecken zwischen den Wänden sind sie kräftiger und dichter als auf der Mitte einer Kante. An Horizontalschnitten zeigt sich das Syncytium natürlich als ein regelmässiges, sechskantiges Netzwerk, die Kerne regelmässig in den Knoten des Netzes angebracht, an dünnen Querschnitten sieht es dagegen aus wie feine, gerade Fäden oder Stäbe.

In den von den Flimmerwänden begrenzten Höhlungen liegen die Drüsenzellen, je eine in jedem Raume. Sie behaupten also denselben Patz wie der Honig in der Honigwabe. Sie sind beinahe stets etwas kürzer als die Flimmerwände, übrigens aber von verschiedener Höhe, was wahrscheinlich von ihrem verschiedenen Functionszustande abhängt. Sie entbehren jeder Spur von Cuticula und sind schwer zu fixieren. An gutgelungenen Präparaten sind ihre äusseren, freien Seiten schwach convex. Ihre Kerne liegen immer im untern Theil der Zellen und sind beinahe rund. Das Protoplasma ist nahezu homogen, aber in der Mitte jeder Zelle findet sich gewöhnlich eine Sammlung kleiner Körner und äusserst winziger Kristalle, schmaler Prismen, die bündelweise mit einander vereinigt sind. Die Gestalt der Kristalle habe ich nicht bestimmt angeben können. Ähnliche Kristalle können auch im unteren Theil des Lumen des Rohres und in der Cloake gefunden werden.

Zweifelsohne dient auch der äussere Theil der Cloakengänge als Excretionsorgan, obgleich die hier entstehenden Excrete anderer Beschaffenheit sind, als die im Vordertheil gebildeten. Man würde nun sehr gut die Cloakengänge des Chaetoderma als Nephridien bezeichnen können, ich habe jedoch geglaubt, es sei richtiger, diesen Namen zu vermei-

---

[1] HUBRECHT l. p. 49. Pl. IV, Fig. 52.
[2] KOVALEVSKY & MARION 4. p. 46.

den, der in sich eine Angabe der Function des Organs trägt, und anstatt dessen einen andern wenn schon nicht besonders massgebenden morphologischen Namen zu gebrauchen, der nur die Lage des Organs andeute.

## Cloake.

Die Cloake ist, wie vorhin erwähnt wurde, eine glockenförmige Höhlung im Hinterende. In ihrem Boden sitzen die beiden Kiemen, deren äussere Gestalt wir schon kennen. Zwischen den unteren Theilen der Kiemen und in der ventralen Seite der Cloake liegt der After, seitwärts von dieser und von den Kiemen befinden sich die Mündungen der Cloakengänge.

Die Innenseite der Cloake wird grösstentheils von einem einfachen, niederen Epithel kubischer Zellen mit einer dünnen Cuticula und mit Flimmerhaaren bekleidet. (*Taf. VI, Fig. 9 C*). Den Cloakenrändern zu geht dies Epithel allmählich in das Epithel der äussern Haut über. Rundliche Zellen giebt es nicht im Cloakenepithel.

An der ventralen Seite der Cloake finden sich indessen drei Felder, welche sich beinahe bis an den Cloakenrand erstrecken, wo das Epithel ein gänzlich verschiedenes Aussehen besitzt. Diese drei Felder kennen wir schon. Das mittlere, schmale Feld wird von hohen, flimmernden Cylinderzellen bekleidet und macht die Fortsetzung der Unterseite des Enddarmes aus. Die beiden Seitenfelder bilden die Fortsetzung der ventralen Wände der Cloakengänge und werden von dem eigenthümlichen Epithel, das wir soeben beschrieben, und das für die hinteren Theile der Cloakengänge charakteristisch ist, bekleidet (*Taf. VI, Fig. 9*).

## Respirations- und Circulationsorgane. Leibeshöhle.

### Kiemen.

Die Lage und Gestalt der Kiemen ist vorhin beschrieben. Sie sind überall von einem einfachen kubischen oder cylindrischen Flimmerepithel mit langen kräftigen Flimmerhaaren bekleidet. Zwischen den Flimmerhaaren findet man bei starker Vergrösserung an lebenden Thieren recht zahlreiche unbewegliche Haare, welche Sinneshaare sein müssen (*Taf. VII, Fig. 11*). An conserviertem Material ist es nie geglückt, diese Haare zu erhalten; dagegen habe ich besonders in Schnitten, welche vermittels Chrom-Osmium-Essigsäure fixiert waren, fadenförmige Zellen mit runden basalwärts gelegenen Kernen beobachtet, welche wohl Sinneszellen und wahrscheinlich die Träger der an lebenden Thieren beobachteten (*Taf. VII, Fig. 12, 13 S*) Haare sind. Ausserdem giebt es im Kiemenepithel zahlreiche Drüsenzellen, deren Protoplasma und Kern zur Seite gedrängt ist und einem grossen Excrettropfen Platz gemacht haben (*Taf. VII, Fig. 12 D, 13 D*).

Jede Seitenlamelle enthält ein lockeres Bindegewebe, dessen Fasern die innere Fläche des Epithels meistens im rechten Winkel treffen. Zwischen den Fasern finden sich grosse Lacunen, welche mit den in den Basallamellen befindlichen und vorher beschriebenen Blutbahnen in Verbindung stehen.

## Circulation und Circulationsorgane.

Wegen der Undurchsichtigkeit des Thieres ist es schwierig, sich eine exacte Vorstellung von der Weise, in der der Blutumlauf stattfindet, zu bilden. Das Studium der Schnitte kann jedoch auch in dieser Hinsicht mehrere Aufklärungen ertheilen, da die an gehärteten Objecten stets geronnene Leibesflüssigkeit sich in den Schnitten erhält, und weil ferner, wie wir aus dem Folgenden ersehen werden, das Blut, welches von den Kiemen ausströmt, sich dem Aussehen nach von der Leibesflüssigkeit unterscheidet.

HANSEN[1] denkt sich die Circulation in folgender Weise: Das Herz pumpt das Blut aus den Kiemen und treibt es ins Rückengefäss, welches bei dem Gehirnganglion ausmündet. Von dort tritt es in die Leibeshöhle beiderseits des Septum hinein. Den diesem unterliegenden Theil der Leibeshöhle fasst HANSEN als einen Blutsinus auf, durch den das Blut in lacunäre Räume, welche rings um der Cloake her vorkommen, geführt werde, von wo es wieder in die Kiemen zurückkehren könne. HANSEN kannte indessen nicht das grosse dorsale Loch an der Herzwand. Seine Theorie kann schon deswegen nicht ganz richtig sein.

Es finden sich thatsächlich drei auf den Blutumlauf wirkende Motoren, nämlich die Bewegungen der Kiemen, die Contractionen des Herzens und die Bewegungen der Leibeswand. Die Kiemen sind bei lebenden, ausgestreckten Thieren stetig in einer rythmischen Bewegung begriffen, die in abwechselnder Ausdehnung und Zusammenziehung derselben besteht, während sie gleichzeitig gegen die Bauchwand gebeugt werden, vermuthlich weil die ventralen Retractoren die kräftigsten sind. Diese regelmässigen Bewegungen sind ganz gering und dürfen nicht mit dem Zurückziehen der ganzen Kiemen in die Cloake verwechselt werden, das nur zufällig einritt. Dass das Blut durch die Ausdehnung der Kiemen in dieselben hineinströmt und durch die Contraction wieder hinausgepresst wird, ist offenbar, aber welchen Weg diese Ein- und Ausströmungen besitzen, hat nicht durch direkte Beobachtungen erörtert werden können, ferner konnte auch nicht entschieden werden, ob die Bewegungen der Kiemen und des Herzens ein geregeltes Verhalten einander gegenüber beobachteten. An einer Menge von Schnitten habe ich jedoch bemerkt, die unteren Blutsinus der Kiemen, wenn jene zusammengezogen sind, ihre vorderen Mündungen verschlossen hatten. Ihre Lumina sind an der Basis der Kiemen nur an völlig ausgestreckten Thieren ersichtlich. Auch besitze ich Schnitte mit contrahierten Kiemen aber völlig extendiertem Herzem. Deswegen dürfte man annehmen können, dass das Blut bei der Contraction der Kiemen durch die Kiemenvenen ins Herz gepresst wird, wonach sich das Herz sofort zusammenzieht und das Blut theils durch das dorsale Herzloch, theils durch die Rückengefässe treibt. Wenn sich nun die Kiemen zu erweitern beginnen, strömt das

[1] HANSEN l. p. 16.

Blut nur durch die jetzt geöffneten ventralen Kiemensinus von den Lacunen des Metabdomens wieder in die Kiemen hinein.

Durch die Contraction des Herzens wird das Blut wohl theilweise in die Rückengefässe getrieben, der grösste Theil passiert aber durch die grosse Herzöffnung, was sogar deutlich an Schnitten mit coaguliertem Blute wahrgenommen werden kann. Oberhalb des Randes des Diaphragma sieht man grosse Blutmengen durch die gelegentlich erweiterten Lacunen der Leibeswand in die obere Kammer der Leibeshöhle eindringen. Ob ein regelmässiger Kreislauf in der Leibeshöhle stattfindet, weiss ich nicht. Durch die Contractionen der Leibeswand muss das Blut natürlich stets in Bewegung gerathen.

Das vordere Rückengefäss öffnet sich, wie HANSEN angegeben hat, am Gehirnganglion. Das Blut wird also direkt vom Herzen in die Nähe desselben geleitet. Ob die an der Basis des Rückengefässes befindliche kleine Herzkammer fungieren kann, weiss ich nicht gewiss; anzunehmen ist jedoch, dass sie sich ein wenig zusammenziehen kann und demnach behülflich ist, das Blut durch dieses Gefäss zu treiben.

Die Wand des Rückengefässes besteht nur aus einem dünnen Häutchen mit spärlichen Zellenkernen (*Taf. V, Fig. 14 R*).

Die Wand des Herzens enthält ausserdem zahlreiche Muskelfasern, welche feiner, dünner als die Muskeln der Leibeswand und verzweigt sind. Wenn das Herz ausgedehnt ist, werden die Muskeln in der Herzwand liegend wahrgenommen, in dessen contrahiertem Zustand trennen sie sich theilweise von ihr und durchbohren gar das Lumen des Herzens. Dies sammt der Umstand, dass ein Theil der Kiemenretractoren durch das Herz geht, resultiert, dass das contrahierte Herz grösserer Lumen gänzlich entbehrt und wie ein etwas lockeres Muskelbündel, von einem bindegewebigen Häutchen umgeben, aussieht.

## Leibeshöhle.

Das Dasein einer Art Leibeshöhle zwischen dem Darm und der Leibeswand wurde schon oben erwähnt. Obgleich es freilich nicht hat erwiesen werden können, wie eben angedeutet worden, dass regelmässige Blutströmungen in dieser Höhle stattfinden, ist sie jedoch offenbar von sehr grosser Bedeutung für die Circulation, weshalb wir im Zusammenhange mit der Behandlung der Circulationsorgane auch Näheres über die Gestalt der Leibeshöhle erörtern müssen.

Um das Verhalten der lacunaren Leibeshöhle des Chaetoderma zu verstehen, werden wir indessen am besten von einer Untersuchung der Neomenia carinata ausgehen. Bei diesem Thiere ist die lacunare Leibeshöhle eng, die Körperwand dagegen verhältnissmässig sehr dick in Folge der Entwicklung einer mächtigen, gallertigen Grundsubstanz, in welcher die Muskel- und Nervenfasern sowie Elemente des Bindegewebes eingebettet liegen. Diese Leibeswand ist nun wenigstens bis zur Grenze des Epithels von einem System von Hohlräumen durchzogen, welche zum Theil die Form ziemlich regelmässiger Canälchen annehmen, wie sie auch von TULLBERG (1) beschrieben worden sind. Obschon mein Material von Neomenia für histologische Zwecke nicht besonders gut conserviert war, glaube ich jedoch gesehen zu haben, dass diese gefässähnlichen Canäle eigener Wände entbehren, was auch v. GRAFF (2) ausdrücklich bemerkt. Ich fasse sie als lacunare Hohlräume des Bindegewebes auf und nenne sie *das pseudovasculare Lückensystem*, weil sie nicht nur ihrem Aussehen nach Gefässen ähneln sondern auch gewissermassen als solche fungieren. Die Lücken communicieren mit der lacunaren Leibeshöhle, was man fast auf jedem Querschnitte sehen kann.

Bei Chaetoderma ist die lacunare Leibeshöhle viel geräumiger als bei Neomenia, und in der Körperwand kommt es nicht zur Abscheidung einer Gallertmasse, nur findet sich zwischen den Muskelfasern eine spärliche Kittsubstanz. Die Leibeswand ist auch, wenigstens im Abdomen, um vieles dünner als bei Neomenia und sehr arm an Bindegewebe. Es ist in Folge dieser Umstände nicht zu erwarten, dass das pseudovasculare Lückensystem der Leibeswand in so hohem Grade entwickelt sein solle wie bei Neomenia. Es fehlt jedoch nicht ganz. In dem Vorderleib giebt es nämlich in den hier verhältnissmässig dicken Muskelschichten ein System von theilweise canälchenähnlichen Hohlräumen welche bis zum Epithel reichen, und wahrscheinlich auch mit den intercellularen Zwischenräumen in dem Epithel communicieren. Mit der lacunaren Leibeshöhle stehen sie natürlich in Verbindung, und wie diese entbehren sie auch jeder epithelialen Auskleidung. Sie sind einfach durch Auseinanderweichen der Muskelfasern entstanden. Gewöhnlich durchsetzen sie in radialer Richtung die Längsmuskelbänder, um in den Ringmuskelschichten in ringförmige Canälchen in und zwischen den einzelnen Muskelbündeln überzugehen. Ausserdem kommen in verschiedenen Richtungen verlaufende Anastomosen zwischen den Hauptbahnen vor. (*Taf. V, Fig. 1, Pl*). Die pseudovascularen Lücken können am lebenden Thiere nicht beobachtet werden, weil die prismatischen, stark lichtbrechenden Stacheln jede Beobachtung der inneren Organe des unbeschädigten Thieres unmöglich machen. Auch Injectionspräparate sind wenig belehrend, denn sie sind natürlich nimmer ganz zuverlässig. Dagegen kann das Lückensystem, da es von selbst mit der bei gehärteten Präparaten immer geronnenen Leibesflüssigkeit injiziert ist, sehr gut an Schnitten untersucht werden. Man überzeugt sich leicht davon, dass diese Flüssigkeit gar nicht die Gewebe gleichförmig durchtränkt, sondern dass ihre körnigen Contenta immer nur in gefässähnlichen Lücken eingeschlossen sind.

Das Bindegewebe der Leibeshöhle besteht aus zwei einander völlig verschiedenen Elementen, nämlich verzweigten und faserigen Zellen nebst rundlichen Plasmazellen. Die ersteren vereinen die Organe und halten sie zusammen und erstrecken sich namentlich zwischen der Darmwand und der Leibeswand. Im grössten Theile des Körpers sind sie schwach entwickelt und bestehen aus äusserst zarten verzweigten Zellen mit ovalen Kernen und in verschiedene Richtungen sich erstreckenden Fortsätzen (*Taf. V, Fig. 2 B*). Den beiden Körperenden und insbesondere dem hinteren zu, wo das dem Herzen entströmende Blut natürlich die verschiedenen Organe zu trennen strebt, ist dies zusammenhaltende Bindegewebe viel kräftiger entwickelt und bestimmter gestaltet. Hier besteht es aus winkelrecht gegen die Innenseite der Leibeswand gerichteten, nach den Enden hin verdickten Fasern fibrillärer Structur und mit ovalen, auswärts der Faser gelegenen Kernen, welche eine Minimal-Quantität unveränderten Plasmas umgeben (*Taf. VII, Fig. 14*).

Völlig verschieden von diesen Bindesubstanzelementen sind die protoplasmareichen, gerundeten oder geplatteten Zellen, welche sich hier und dort an der Innenseite der Leibeswand und an der Aussenseite der Darmwand vorfinden. Ihnen fehlen die Fortsätze, und sie bestehen aus körnigem Protoplasma und einem runden oder länglichen Zellenkern. Sie dürften wohl theils jüngere bindegewebige Zellen, theils Leucocythen sein, welche sich andern Theilen angelegt und eine geplattete Gestalt erhalten haben. An mehreren Orten liegen dergleichen Zellen dicht an einander und haben dann das Aussehen eines Endothels. Wahrscheinlich wird dies unter dem sogenannten Peritoneum verstanden, das von den Autoren erwähnt worden ist. Das Vorkommen der Plasmazellen ist jedoch thatsächlich ein sehr unregelmässiges und eine zusammenhangende und vollständige Endothellage kommt bei Chætoderma nicht vor. Nur an einer Stelle finden sich Plasmazellen constant, nämlich an der Innenseite der unteren Längsmuskeln unter dem Septum und ausserhalb der seitlichen Nervenstämme. Hier liegen sie in mehreren Lagen auf einander, sind mit länglichen Kernen versehen und haben einen sehr grobkörnigen Inhalt (*Taf. V, Fig. 7*). Möglicherweise wären sie hier Niederlagsplätze bestimmter Stoffe, Fettzellen sind sie indessen nicht, da ihr Inhalt nicht durch Osmiumsäure gefärbt wird.

## Blut und Hæmolympha.

Die Leibesflüssigkeit ist ihrem Aussehen nach von dem im Herzen und Rückengefässe befindlichen Blute völlig verschieden und besteht offenbar aus einer Mischung dieses Blutes und durch die Darmwand eingedrängter Stoffe. Man kann daher, obgleich sich kein geschlossenes Blutgefässystem hier vorfindet und das Herz sich sogar direkt in die Leibeshöhle hinaus öffnet, bei Chætoderma zwei Arten von Ernährungsflüssigkeiten unterscheiden, welche man wohl die Leibesflüssigkeit oder Hæmolympha und das Blut nennen könnte.

Das Blut findet sich in den Kiemen, im Herzen und unmittelbar ausserhalb des grossen Herzloches, ferner in dem Rückengefäss und um das Gehirnganglion. Es besteht aus einem klaren, homogenen, hellrothen Plasma (daher die rothe Färbung der Kiemen und des vorderen Körperendes, welches durch Essigsäure zu einer bräunlichrothen festen und homogenen Masse coagulirt, ganz wie das rothe Blutplasma der meisten Anneliden. Ausserdem kommen im Blut Wanderzellen, sogenannte Blutkörperchen vor.

Obschon der Leibesflüssigkeit bei jeder Contraction des Herzens eine gewisse Menge Blut zugeführt wird, ist sie doch von dem Blute deutlich zu unterscheiden. Am lebenden Thiere besteht die Leibesflüssigkeit aus einer wässerigen, farblosen Flüssigkeit, welche (ausser in dem Geschlechtsorgan und dem Pericardium) eine überaus grosse, jedoch nach den verschiedenen Ernährungszuständen des Thieres schwankende Menge blasser Klümpchen und stark lichtbrechender Körner und Tropfen enthält. Die Wanderzellen kommen hier in grösserer Zahl als im Blute vor. Bringt man einen Tropfen der Leibesflüssigkeit in Weingeist oder in eine andere, nicht färbende Fixirungsflüssigkeit, wie zum Beispiel Perényis Mischung von Chrom-Salpetersäure und Alcohol, gerinnt sie augenblicklich zu einem milchweissen, dicken Brei, welcher von Picrocarmin und anderen Plasmafarbstoffen lebhaft gefärbt wird. Die blassen Klümpchen der Leibesflüssigkeit bestehen wohl demnach grösstentheils aus Eiweisstoffen. Ausserdem finden sich in der Leibesflüssigkeit kleine, durch die Oberosmiumsäure-Reaktion erkennbare Fetttropfen und kleine, helle Körner, welche von verschiedenen Säuren unter Aufbrausen gelöst werden und also aus kohlensaurem Kalk bestehen.

Die Wanderzellen sind fast überall im Körper in grosser Menge vorhanden. In dem Pericardialschlauch habe ich sie jedoch nicht gesehen. Sie sind alle einander gleich, amöboide Zellen, welche im Leben ihre Gestalt ziemlich schnell ändern. Das Protoplasma ist an der Peripherie der Zelle mehr homogen, im Inneren körnig (*Taf. VII, Fig. 15*). Unter den Körnern finden sich auch Fettropfen und Kalkkugeln derselben Grösse wie in der Leibeshöhle. Fixiert nehmen die Wanderzellen gewöhnlich eine kugelige Form an. Die Kerne kommen dann zum Vorschein. Sie sind gross und rund. Der Diameter des Kerns ist wenigstens halb so lang wie der Diameter der grossen Zelle. Oft findet man Wanderzellen mit zwei Kernen. Für das Verständniss des Baues der Haut ist es besonders von Bedeutung, dass die Wanderzellen kohlensauren Kalk enthalten können, und dass sie zu den intercellularen Zwischenräumen des Epithels leicht Zugang haben.

Der feste oder halbfeste Inhalt der Haemolympha findet sich nicht im Blute und muss demnach aus Stoffen bestehen, die von der Darmwand absorbiert und dann in die Haemolympha aufgenommen wurden. Hierzu kommt möglicherweise auch noch Zellenabfall. Diese Flüssigkeit wird mit allen ihren Bestandtheilen den Kiemen zugeführt, dort wird sie aber in Blut verwandelt. Der Vorgang dieser Verwandlungen ist völlig unbekannt, auf Folgendes kann man jedoch nach dem oben hinsichtlich der verschiedenen Eigenschaften des Blutes und der Haemolympha Gesagten schliessen, nämlich dass es nicht nur ein Respirationsprocess ist, der in den Kiemen stattfindet. Diese sind noch anderes als Athmungsorgane, sie sind auch Ausscheidungsorgane, was auch daraus hervorgeht, dass in ihrem Epithel eine grosse Menge von Drüsenzellen vorkommt. Wahrscheinlich sind sie auch Assimilationsorgane, in denen Theile der festen und halbfesten Bestandtheile der Haemolympha umgebildet werden. Ferner scheint es, als ob der rothe Blutfarbstoff in den Kiemen entstände. Die Vertheilung dieses Farbstoffes ist übrigens genug bemerkenswerth. Er findet sich, wie wir gesehen haben, im Blute, d. h. in den Kiemen, im Herzen und Rückengefässe in so grossen Mengen, dass die Blutflüssigkeit als roth auftritt. Vom Herzen verbreitet er sich in die Leibesflüssigkeit und wird verdünnt, so dass er nicht weiter erwiesen werden kann, vom Rückengefässe aber rinnt das rothe Blut über das Gehirnganglion hinaus. Diesem Ganglion wird demnach eine reichlichere Zufuhr von dem Blutfarbstoffe als irgend einem andern Organe zu Theil, ein Verhältniss, das der Thatsache zur Seite gestellt werden mag, dass eben die centralen Theile des Nervensystems bei Evertebraten mit gefärbtem Blute zum Theil von einem besonderen Blutsinus umgeben zu sein pflegen, oder dass man in einigen Fällen selbst in dem Nervengewebe Hämatin angetroffen hat. Ob nun der rothe Farbstoff bei Chaetoderma Hämatin sei oder nicht, ist indessen noch nicht erläutert worden.

## Schlussbemerkungen.

Eine eingehendere Vergleichung sowohl zwischen Chætoderma und den übrigen Gattungen der Solenogastren als auch zwischen diesen und anderen Thiergruppen muss natürlich dem zweiten Theile dieser Studien vorbehalten werden. Der Vollständigkeit wegen mögen doch schon hier einige der Resultate unserer Untersuchung über den Bau des Chætoderma hervorgehoben werden, welche besonders geeignet sind, etwas Licht über die Stellung des Chætoderma den übrigen Gattungen der Solenogastren gegenüber zu werfen.

Es ist ganz unzweifelhaft, was schon v. Jhering bei der damals freilich sehr unvollständigen Kenntniss des Baues des Chætoderma einsah, dass unser Thier wirklich den Solenogastren einzureihen ist. Die wichtigsten Übereinstimmungen zwischen Chætoderma und den übrigen näher untersuchten Gattungen dieser Classe können folgendermassen zusammengefasst werden:

1. Bezüglich der gegenseitigen Lage aller inneren Organe sowie der ganzen Architektonik des Körpers stimmt Chætoderma entschieden mit allen übrigen, ihrem inneren Baue nach untersuchten Solenogastren überein.
2. Der Körper ist bei Chætoderma wie bei allen anderen Solenogastren äusserlich von den charakteristischen kalkigen Spicula bedeckt.
3. Das Nervensystem des Chætoderma stimmt nicht nur seinem allgemeinen Typus nach sondern auch in vielen Einzelheiten mit dem Nervensystem der Lepidomenia, der Neomenia und anderer Solenogastren überein.
4. Die für die Solenogastren so sehr charakteristischen Cloakengänge (Neploridien der Autoren) finden sich auch bei Chætoderma und verbinden wie bei allen übrigen Solenogastren das Pericardium mit der Cloake, während sie zugleich zur Ausführung der Geschlechtsstoffe dienen.
5. Eine Art Radula kommt bei Chætoderma wie bei den meisten Solenogastren vor.
6. Die Kiemen des Chætoderma liegen wie bei den Solenogastren, die solche Organe besitzen, bei dem Anus.

Steht es also fest, dass Chætoderma wirklich zu den Solenogastren zu rechnen ist, so muss es jedoch andererseits auch zugestanden werden, dass es wahrscheinlich *innerhalb* dieser Classe eine ziemlich isolierte Stellung einnimmt. Es hat sich früh von den Gattungen *Neomenia, Proneomenia und Dondersia* getrennt und sich in eigenartiger Weise entwickelt. Es unterscheidet sich nämlich von allen anderen anatomisch untersuchten Solenogastren durch sehr viele Eigenthümlichkeiten, von welchen die folgenden besonders hervorzuheben sind.

1. Die flimmernde Bauchrinne fehlt bei Chætoderma. Da jedoch bei den meisten übrigen Solenogastren die Cloake nur der hintere Theil dieser Rinne ist, so muss wohl auch die Cloake des Chætoderma als ein Überbleibsel der Bauchrinne betrachtet werden, obwohl sie ganz terminal ist.
2. Der Mundschild ist ein für Chætoderma ganz eigenthümliches Organ.

3. Die Muskelschichten, besonders aber die Längsmuskeln sind bei Chætoderma weitaus kräftiger als bei jeder anderen Species der Solenogastren entwickelt.
4. Die Radula ist bei Chætoderma in einer anderen Weise als bei den übrigen Solenogastren entwickelt.
5. Nur bei Chætoderma giebt es eine Mitteldarmdrüse. Diese ist aber hier sehr gross, obschon ihrer Form nach ziemlich einfach.
6. Die Kiemen, welche bei den übrigen Solenogastren entweder vermisst werden oder, wenn vorhanden, sehr klein und papillenähnlich sind, sind bei Chætoderma sehr kräftig entwickelt und mit zahlreichen Seitenzweigen versehen. Sie sind auch mit einem sehr complicierten Muskelsystem versehen. Einige der Kiemenretractoren durchbohren das Herz, was sonst bei den Solenogastren nicht vorkommt.
7. Das Herz steht bei Chætoderma direkt mittelst eines grossen Loches mit den lacunaren Zwischenräumen der dorsalen Leibeswand in Verbindung. Eine solche Anordnung ist von anderen Solenogastren nicht bekannt.
8. Chætoderma ist getrennten Geschlechts, was bei den übrigen Solenogastren wahrscheinlich nicht der Fall ist.
9. Die Cloakengänge des Chætoderma stimmen zwar ihrer Grundform nach mit den gleichnamigen Organen der übrigen Solenogastren (Lepidomenia hystrix nur ausgenommen) überein, sie sind jedoch bei Chætoderma einfacher gebaut und entbehren völlig der vielen Anhänge, welche bei Neomenia, Proneomenia und Dondersia vorkommen können. Die cloakalen Mündungen sind bei Chætoderma getrennt.

Schon 1882 machte Hubrecht 4 darauf aufmerksam, dass Neomenia und Proneomenia näher untereinander als mit Chætoderma verwandt sind — die übrigen Gattungen waren damals noch nicht bekannt —. Er schlug da vor, eine eigene Familie *Chætodermatidæ* für *Chætoderma* zu bilden, während er *Neomenia* und *Proneomenia* zu einer zweiten Familie, *Neomenidæ* vereinte. Obgleich Hubrechts Auffassung von dem gegenseitigen Verhältniss der drei besagten Gattungen zweifelsohne völlig richtig ist, scheint es mir doch kaum, dass es jetzt schon möglich sei, eine natürliche Eintheilung aller Solenogastren zu finden. Für Familien wie für Gattungen gilt der Satz Linné's »Character non facit genus sed genus characterem«. Wir wissen nunmehr, dass die Solenogastren durch recht viele Repräsentanten vertreten sind, aber von diesen ist noch nicht die Hälfte anatomisch untersucht. Man muss doch, ehe man zur Eintheilung der Solenogastren schreitet, die einzelnen Glieder etwas näher kennen lernen.

## Litteraturverzeichniss.

Baird, W.    Monograph of the Species of Worms belonging to the Subclass Gephyrea: Proc. Zool. Soc. London, 1868, p. 76.
Barfurth, D.    Ueber den Bau und die Thätigkeit der Gastropodenleber: Arch. micr. Anat., B. 22, p. 473. Bonn 1883.
Claus, C.    Lehrbuch der Zoologie, 3. Aufl. Marburg und Leipzig 1885.
Dalyell.    The Powers of the Creator. Vol. 2. 1853.
Diesing, K.    Revision der Rhyngodeen: Sitzungsber. Math. Naturw. Cl. Acad. Wien, B. 37, p. 719. 1859.
Eisig, H.    Monographie der Capitelliden: Fauna und Flora des Golfes v. Neapel, 16 Monogr. Berlin 1887.
Frenzel, J.  1.    Ueber die Mitteldarmdrüse der Crustaceen: Mittheil. Zool. St. Neapel, B. 5, p. 50. Leipzig 1884.
2.    Ueber die Mitteldarmdrüse der Mollusken: Arch. micr. Anat., B. 25, p. 48. Bonn 1885.
3.    Micrographie der Mitteldarmdrüse (Leber) der Mollusken: Nova Acta. Acad. Leop. Nat. Cur., B. 48. N:o 2. Breslau & Bonn 1886.
Gegenbaur, C.    Grundriss der vergleichenden Anatomie. 2 Aufl. Leipzig 1878.
v. Graff, L.  1.    Anatomie des Chætoderma nitidulum: Zeitschrift für wissenschaftliche Zoologie, B. 26, p. 166. Leipzig 1876.
2.    Neomenia und Chætoderma: Zeitschrift für wiss. Zoologie, B. 28, p. 557. Leipzig 1877.
Haller, Béla  1.    Die Organisation der Chitonen der Adria: Arb. aus dem zool. Institute in Wien. B. 4, 1882, B. 5, 1883.
2.    Über die sogenannte Leydigsche Punktsubstanz im Centralnervensystem: Morphol. Jahrbuch, B. 12, p. 325. Leipzig 1887.
Hansen, G. A.  1.    Anatomisk Beskrivelse af Chætoderma nitidulum: Nyt. Magazin for Naturvidensk., B. 22, p. 354. Kristiania 1877.
2.    Neomenia, Proneomenia und Chætoderma: Bergens Museums Aarsberetning 1888. Bergen 1889.
Hubrecht, A. A. W.  1.    Proneomenia Sluiteri gen. et. sp. n.: Niederl. Archiv für Zoologie, Supplem. B. 1. Leyden 1881—1882.
2.    Note relative aux Études sur les Neomenia de M. M. Kovalevsky et Marion dans le Zool. Anz. N:o 103, p. 61: Zool. Anz., B. 5, p. 84. Leipzig 1882. -- Archiv. Zool. expér. & gén., T. 10, N:o 3, p. XXXV. Paris 1882.
3.    On the Affinities of Proneomenia: Rep. 51, Meet. Brit. Assoc. Adv. Science, p. 673. London 1882.
4.    A. Contribution to the Morphology of the Amphineura: Quart. Journal Microsc. Science, Ser. 2, B. 22. London 1882.
5.    Dondersia festiva gen. et sp. nov.: Donders-Feestbundel Nederl. Tijdschr. Geneesk., p. 324. Amsterdam 1888.
v. Jhering, H.  1.    Vergleichende Anatomie des Nervensystems und Phylogenie der Mollusken. Leipzig 1877.
2.    Bemerkungen über Neomenia und über die Amphineuren im Allgemeinen: Morphol. Jahrbuch, B. 4, p. 147. Leipzig 1878.
3.    Giebt es Orthoneuren?: Zeitschr. f. wiss. Zoologie, B. 45, p. 499. Leipzig 1887.
Keferstein  1.    Beiträge zur anatomischen und systematischen Kenntniss der Sipunculiden: Nachrichten v. d. K. Ges. der Wissensch. Göttingen 1865.
2.    Beiträge zur anatomischen und systematischen Kenntniss der Sipunculiden: Zeitschr. wiss. Zoologie, B. 15, p. 442. Leipzig 1865.
Koren & Danielssen    Beskrivelse over nye Arter henhörende til Slægten Solenopus samt nogle Oplysninger om dens Organisation; Archiv f. Mat. o. Naturv., B. 2, p. 120. Christiania 1877.

Kovalevsky, A. O. 1. Neomenia gorgonophila: извѣстія общества любителей естествознанія, T. 37, 1, p. 181. Moskwa 1881.
2. Ueber den Bau und die Lebensweise von Neomenia gorgonophilus n. sp.: Zool. Anz., B. 3, p. 190. Leipzig 1880.
3. Neomenia corallophila: Société des Amis des Sciences naturelles. Moskwa 1881 — nach Kovalevsky & Marion 1, Verfasser hat diese Abhandlung nicht in den citierten russischen Acta finden können.
Kovalevsky, A. O. & Marion, A. 1. Études sur les Neomenia: Zool. Anz., B. 5, p. 61. Leipzig 1882.
2. Organisation du Lepidomenia hystrix, nouveau type de Solénogastre: Comptes Rend., T. 103, p. 757. Paris 1886.
3. Sur les espèces de Proneomenia des côtes de Provence: Comptes Rend., T. 106, p. 529. Paris 1888.
4. Contribution a l'histoire des Solénogastres ou Aplacophores: Ann. Mus. d'Hist. nat. de Marseille. Zoologie, T. 3, Mém. N:o 1. Marseille 1887.
Kukenthal, W. Über die lymphoiden Zellen der Anneliden: Zeitschr. f. Nat., B. 18, p. 319. Jena 1885.
Lankester, E. Ray. Notes on Embryology and Classification: Quart. Journ. of Microsc. Science, V. 17. London 1877.
Lovén, S. Öfvers. Kungl. Vet. Akad. Förh., B. 1, p. 116. Stockholm 1845.
Mobius, K. Jahresb. der Commission zur wiss. Unters. der deutschen Meere in Kiel für 1872, 73., Zool. Ergebnisse 5, Vermes p. 157.
Norman, A. M. On the occurrence of Neomenia (Solenopus) in the British. Sea: Ann. and Mag. Nat. Hist., Ser. 5, V. 4, p. 164. London 1879.
Paneth, J. Beiträge zur Histiologie der Pteropoden und Heteropoden: Arch. f. micr. Anat., B. 24, p. 230. Bonn 1885.
Pruvot, G. 1. Sur quelques Néoméniées nouvelles de la Méditerranée: Archives de zool. expér. et gén. Ser. 2, B. 8, p. XXI. Paris 1890.
2. Sur le développement d'un Solénogastre: Comptes Rend., T. 111, p. 689. Paris 1890.
de Quatrefages, A. Histoire naturelle des Annelés, V. 2. Paris 1865.
Rössler, R. Die Bildung der Radula bei den cephalophoren Mollusken: Zeitschr. f. wiss. Zoologie, B. 41, p. 447. Leipzig 1885.
Rücker, A. Über die Bildung der Radula bei Helix pomatia: Bericht. der Oberhessischen Ges. f. Natur- u. Heilkunde, B. 22, p. 209. Giessen 1883.
Sars, M. Forh. i Vidensk. Selsk. i Christiania i aar 1868, p. 257. Christiania 1869.
Selenka, E. Report on the Scientific Results of the exp. voyage of H. M. S. Challenger. Zool. 13, Gephyrea p. 23. London 1886.
Théel, Hj. Études sur les Gephyriens inermes des mers de la Scandinavie, du Spitzberg et du Groënland: Bihang till Kungl. Sv. Vet. Akad. Handl., B. 3, N:o 6. Stockholm 1875.
Tullberg, T. 1. Neomenia, a new genus of invertebrate animals: Bihang till Kungl. Sv. Vet. Akad. Handl., B. 3, N:o 13. Stockholm 1875.
2. Studien über den Bau und das Wachsthum des Hummerpanzers und der Molluskenschalen. Kungl. Sv. Vet. Akad. Handl., B. 19, N:o 3. Stockholm 1882.
Weber, M. Über den Bau und die Thätigkeit der zog. Leber der Crustaceen: Arch. f. micr. Anatomie, B. 17, p. 385. Bonn 1880.
Wirén, A. 1. Om blodet och blodomloppet hos Glycera alba H. R.: Biologiska Föreningens Förhandlingar, B. 2, N:o 3. Stockholm 1890.
2. Mittheilungen über den Bau des Chaetoderma nitidulum Lovén: Biologiska Föreningens Förhandlingar, B. 2, N:o 7. Stockholm 1890.
3. Histologiska meddelanden om Chaetoderma nitidulum Lovén: Biologiska Föreningens Förhandlingar, B. 3, N:o 7. Stockholm 1891.

TAFEL I.

## TAFEL I.

Fig. 1. *Chaetoderma nitidulum*, nach dem Leben gezeichnet; *a-d* ausgestreckte, *e, f* zusammengezogene Thiere; natürliche Grösse.

Fig. 2. Vorderende nach dem Leben gezeichnet; *G r* Ansatzstelle der ventralen Retractoren, vergl. p. 11; schwache Vergrösserung.

Fig. 3. Mundschild mit Mundöffnung und der ausstülpbaren Blase von vorn gesehen, nach dem Leben gezeichnet; schwach vergr.

Fig. 4. Mundschild ohne Blase, von vorn gesehen; schwach vergr.

Fig. 5. Hinterende von oben gesehen, nach dem Leben gezeichnet; schwach vergr.

Fig. 6. Hinterende eines etwas zusammengezogenen, in säurehaltiger Flüssigkeit conservirten Thieres; schwach vergr.

Fig. 7. Hinterende eines kleinen (10 mm. langen) Thieres von der Seite gesehen; nach dem Leben gezeichnet; schwach vergr.

Fig. 8. Hinterende eines erwachsenen Thieres von der Seite gesehen; nach dem Leben gezeichnet; schwach vergr.

Fig. 9. Die linke Hälfte eines median durchschnittenen Thieres; *K* Kopflappen, *P t* Prothorax, *M t* Metathorax, *P a* Praeabdomen, *M a* Postabdomen, *M* Mundschild, *N* Gehirnganglion, *I* Ansatzstelle der unteren Retractoren des Vorderendes, *R* Radula, *S* Septum, *D m* Mitteldarm, *M d* Mitteldarmdrüse, *E d* Enddarm, *G d* Geschlechtsorgan, *D* Diaphragma, *P g* Pericardialgänge, *P H* Pericardium und Herz, *A* Anus, *K l* Cloake, *B* Kieme; schwach vergrössert.

Fig. 10. Geschlechtsorgan und dessen Ausführungsgänge von unten gesehen; nach einer Schnittenserie construirt; *G d* Geschlechtsorgan (Genitalsinus), *P g* Pericardialgänge, *P* Pericardium, *P c o* pericardiale Mündung des linken Cloakenganges; die äusseren Abschnitte der Cloakengänge sind weggelassen; schwache Vergrösserung.

Fig. 11. Einige Organe des Hinterendes nach Modell (vergl. p. 19) gezeichnet, von unten gesehen; *P g* Pericardialgänge, *C G* Cloakengänge, *N i* Einschnürung zwischen den äusseren und inneren Theilen des Cloakenganges, *K G* ganglion posterius superius, *N* die vereinten latero-dorsalen und latero-ventralen Nervenstämme, *D* Darm, *R l r* latero-ventraler Kiemenretractor, *R v a* vorderer ventraler Kiemenretractor; $\frac{5^u}{1}$.

Fig. 12. Hinterende von oben gesehen, nach Modell. Die obere Hälfte der Leibeswand und die Kiemen sind weggenommen. *P g* Pericardialgänge, *P* Pericardium, *H l* die Stelle, wo sich das Pericardium einstülpt und in die Herzwand übergeht (= das dorsale Herzloch), *R d a* vorderer dorsaler, *R d p* hinterer dorsaler Kiemenretractor, *C G* innere Theile der Cloakengänge, nur wenig sichtbar, *N* die cloakalen Mündungen der Cloakengänge, *A* After; $\frac{5^u}{1}$.

Fig. 13. Pericardium und Cloakengänge etwas schräg von oben und von der Seite gesehen, nach Modell; *r R* vorderes Rückengefäss, *P₁* Fortsatz des Pericardiums, welcher das hintere Rückengefäss umgiebt, *P c o* pericardiale Mündung des linken Cloakenganges; übrige Buchstaben wie bei Fig. 11 und 12; $\frac{5^u}{1}$.

Fig. 14. Herz und Kiemen von oben gesehen, nach Modell gezeichnet; *r r* vorderes Rückengefäss, *H K* rudimentäre Herzkammer, *h R* hinteres Rückengefäss, *K v* Kiemenvenen, *P*. Pericardium; $\frac{5^u}{1}$.

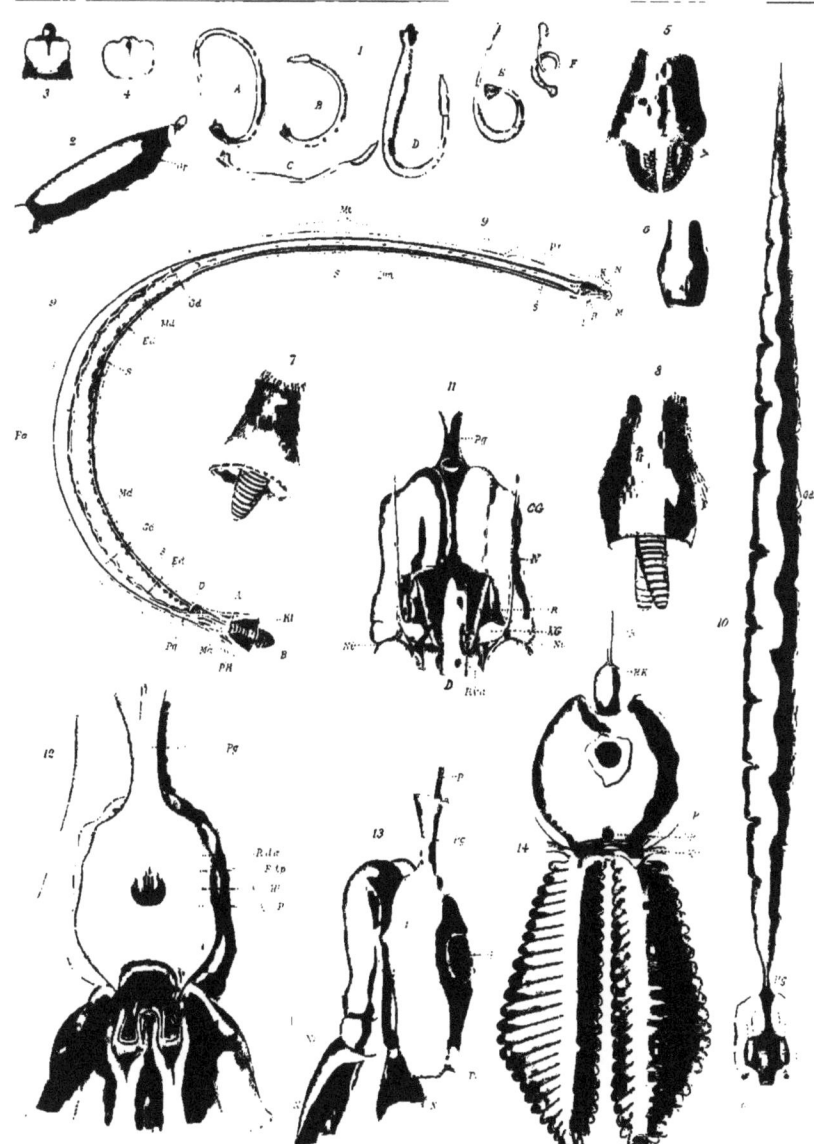

TAFEL II.

# TAFEL II.

Durchgehende Bezeichnungen: *blau* Nervensystem, *gelb* Darm, *roth* Herz und Blutgefässe, *grün* Cloakengänge; *A* Epithel des Enddarms an der Cloakenwand fortgesetzt. *B c* Buccalganglien, *C g* Cloakengänge, *C l* Cloake, *D* Diaphragma, *D c* Dilatatoren der Cloake, *F* fibrilläre Substanz des Gehirnganglions, *G d* Geschlechtsorgan, *G g* Gehirnganglion, *G r* Ausatzstelle der ventralen Retractoren des Vorderendes, *H* Herz, *H b* vordere Fortsätze des Herzens, *H K* Herzkammer, *H l* dorsale Öffnung des Herzens, *h R* hinteres Rückengefäss. *I* Einschnürung zwischen Prothorax und Metathorax, *K G* ganglion posterius superius. *K m d* dorsaler Kiemenmuskel, *K m r* ventraler Kiemenmuskel, *l N* lateraler Nervenstamm, *M* Mundöffnung, *M d* Mitteldarmdrüse, *M s* Mundschild, *N* äusserer Abschnitt des Cloakenganges, *N i* Einschnürung zwischen dem inneren und äusseren Abschnitte des Cloakenganges, *P* Pericardium, *P₁* dorsaler Fortsatz des Pericardiums, *P c o* pericardiale Mündungen der Cloakengänge, *P g* Pericardialgänge, $Q$, $Q_1$, $Q_2$ Quercommissuren der Nervenstämme, *R d a* vorderer dorsaler Kiemenretractor, *R d p* hinterer dorsaler Kiemenretractor, *R i* unterer Retractor des Vorderendes, *R l c* lateroventraler Retractor der Kiemen, *R s* oberer Retractor des Vorderendes, *R c a* vorderer ventraler Kiemenretractor. *R c p* hinterer ventraler Kiemenretractor, *S* Septum, *C s* Sublingualcommissur, *S d* oberer Kiemenblutsinus, *S g* Sublingualganglien, *S p* Speicheldrüsen, *S r* unterer Kiemenblutsinus, *v S* ganglian laterale ventrale, *v N* ventraler Nervenstamm, *v R* vorderes Rückengefäss.

Vergrösserung aller Figuren ungefähr $\frac{3}{1}$.

Fig. 1. Medianschnitt durch das Vorderende eines in Perenyis Flüssigkeit fixirten Thieres, dessen vorderer Theil der Länge nach contrahiert, in entgegengesetzter Richtung dagegen erweitert ist, wie *Taf. I, Fig. I, c.* Der Schnitt geht nicht ganz median durch das Gehirn, daher dieses Organ klein, vergl. *Fig. 3.* Hartnack Obj. 4, Oc. 2, Abbes Camera. (Vergr. ungefähr $\frac{3}{1}$); das Rückengefäss halb schematisch.
Fig. 2. Rechte Hälfte des Hinterendes nach Modellen construiert; $\frac{5}{1}$.
Fig. 3—10. Querschnitte durch ein 40 mm. langes in Kleinenbergs Flüssigkeit conserviertes Weibchen; Hartnack Obj. 4, Oc. 2. Abbes Camera (Vergr. ungefähr $\frac{3}{1}$).
Fig. 3. Durch den vorderen Theil des Prothorax und das Gehirnganglion.
Fig. 4. Vordertheil des Prothorax vor der Radula.
Fig. 5. Prothorax, vorderer Theil der Radulatasche.
Fig. 6. Prothorax, Sublingualganglien, Radula.
Fig. 7. Unmittelbar hinter der Radula. Man sieht die Sublingualcommissur.
Fig. 8. Prothorax mittlerer Theil. Der Schnitt geht durch den Mitteldarm. Die mächtige Ringmuskelschicht ist durch Nachlässigkeit des Lithographs nicht näher bezeichnet. Zwischen dieser Schicht und den Längsmuskeln sieht man die hier recht dicken quergekreuzten Muskelschichten.
Fig. 9. Die Grenze zwischen Prothorax und Metathorax.
Fig. 10. Metathorax.

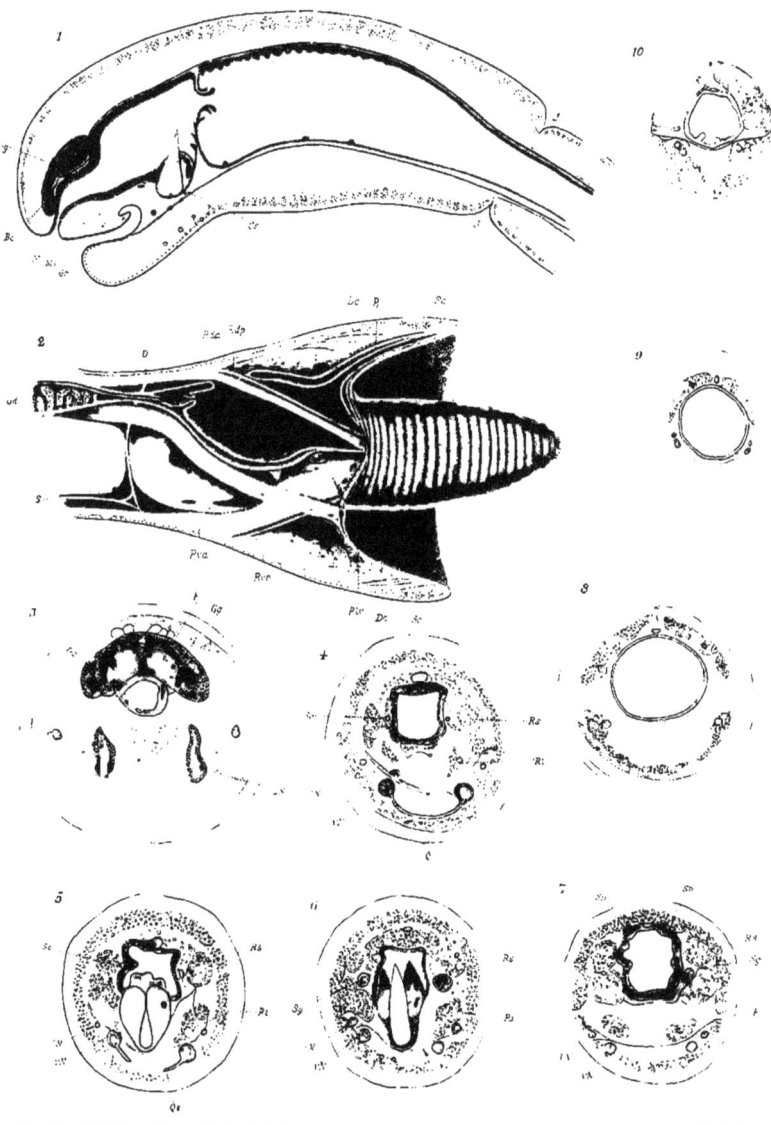

TAFEL III.

# TAFEL III.

Durchgehende Bezeichnungen wie *Tafel II*. *Fig. 11, 13—17, 19 21*, Fortsetzung der Querschnittenserie der *Tafel II*; Hartnack Obj. 4. Oc. 2, Abbes Camera (Vergr. ungefähr $\frac{40}{1}$).

Fig. 11. Der Schnitt geht durch Praeabdomen, mittleren Theil.
Fig. 12. Querschnitt durch den mittleren Theil des Praeabdomen eines geschlechtsreifen Männchen; (entspricht *Fig. 11*). Hartnack Obj. 4, Oc. 2, Abbes Camera.
Fig. 13. Der Schnitt geht durch den vorderen Theil des Postabdomen, wo sich die Cloakengänge umbiegen, daher nur zwei Durchschnitte dieser Organe.
Fig. 14. 10 $\mu$ hinter dem vorigen. Man sieht schon den vorderen Theil des Pericardiums.
Fig. 15. Noch 90 $\mu$ nach hinten. Links ist die Umbiegung des Cloakenganges ganz, rechts beinahe vollbracht, die Herzkammer ist durchschnitten und die Nervenstämme sind jederseits zu einem vereint.
Fig. 16. Der Schnitt geht zwischen der kleinen Kammer und dem Haupttheil des Herzens. Die Blindschläuche des Herzens (vergl. *Taf. I. Fig. 14*) sind durchschnitten. Die lateroventralen und die vorderen dorsalen Kiemenretractoren sind schon von der Längsmuskelschicht abgelöst.
Fig. 17. Der Schnitt geht durch den vorderen Theil des Herzens. Auch die hinteren dorsalen und die vorderen ventralen Kiemenretractoren sind beinahe von der wandstehenden Muskelschicht abgelöst.
Fig. 18. Querschnitt eines in Chrom-Osmium-Essigsäure fixierten Thieres; entspricht *Fig. 17*, nur sind die Cloakengänge mehr erweitert, Herz und Pericardium dagegen mehr zusammengezogen, vergl. p. 20.
Fig. 19. Der Schnitt geht durch das dorsale Herzloch; die Pericardialwand biegt sich um und geht in die Herzwand über. Die dorsalen Kiemenretractoren rücken in das Herz nieder. Die inneren Zweige der Cloakengänge sind bedeutend verjüngt. Die hinteren dorsalen Retractoren kommen zum Vorschein.
Fig. 20. Der Schnitt geht durch den hinteren Theil des Pericardiums; rechts sind der lateroventrale und der vordere ventrale Kiemenretractor vereinigt.
Fig. 21. 20 $\mu$ hinter dem vorigen. Das ganglion posterius superius ist der Länge nach durchschnitten; die pericardiale Mündung des linken Cloakenganges ist getroffen.

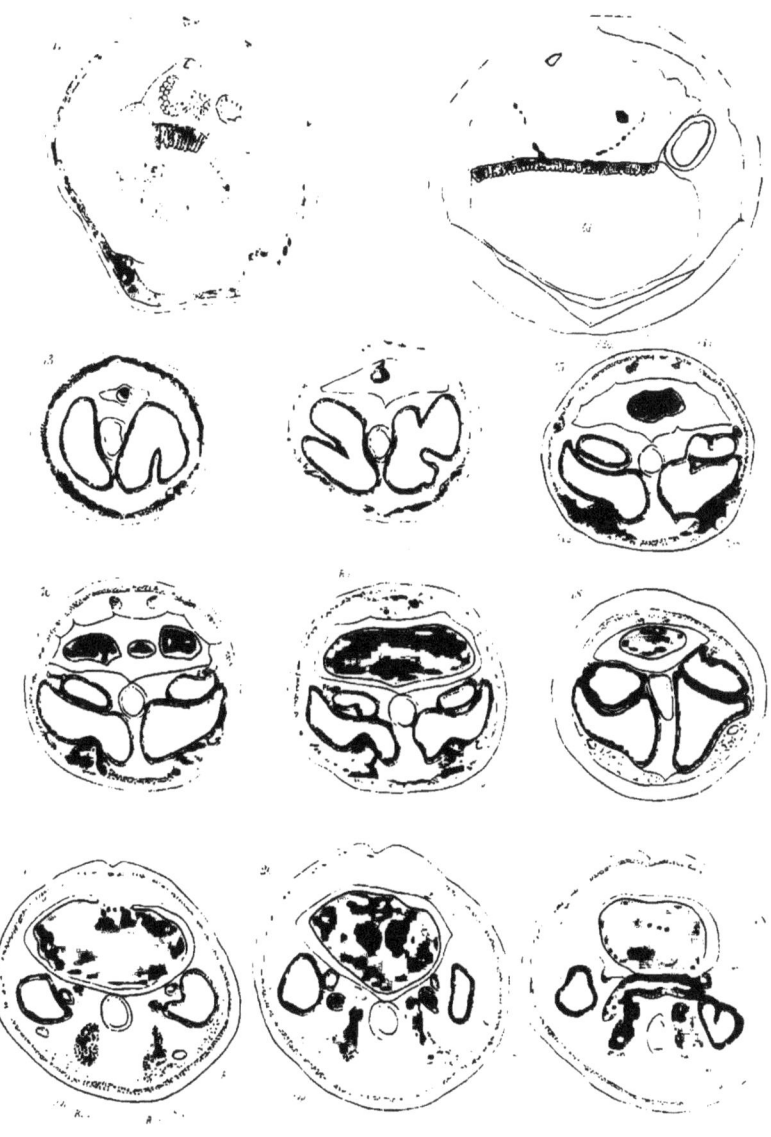

TAFEL IV.

# TAFEL IV.

Fig. 22—25. Fortsetzung der Querschnittenserie der Taf. II und III; Hartnack Obj. 4, Oc. 2, Abbes Camera (Vergr. ungefähr ³⁵⁰⁄₁). Bedeutung der Buchstaben wie Taf. II.

Fig. 22. 140 μ hinter dem vorigen. Der Schnitt geht durch den hintersten Theil des Pericardiums, den innersten Theil der Cloake und die äusseren Abschnitte der Cloakengänge. Die vorderen dorsalen, lateroventralen und vorderen ventralen Kiemenretractoren sind schon zu Kiemenmuskeln vereinigt.

Fig. 23. 80 μ hinter dem vorigen. Man sieht das hintere Rückengefäss und die Kiemensinus; der Enddarm und die Cloakengänge sind schon rinnenförmig geöffnet.

Fig. 24. 100 μ hinter dem vorigen.

Fig. 25. Durch den äusseren Theil der Cloake und die Kiemen. Die Seitenzweige des hinteren Rückengefässes sind getroffen.

Fig. 26. Horizontaler Längsschnitt durch das hintere Körperende eines etwas zusammengezogenen Thieres. Das Diaphragma ist nach hinten konvex und der Enddarm geht fast ganz horizontal, vergl. *Taf. II. Fig. 2*. Bedeutung der Buchstaben wie Taf. II; Hartnack Obj. 4, Oc. 2, Abbes Camera.

Fig. 1—19. Schnitte durch die Haut; *B* Basalzelle, *F* Fasern zwischen den Epithelzellen, *G r* Gruben in der Cuticula, *R* Riesenzellen, *W* Wanderzellen, *W'* in die Cuticula eingewachsene Wanderzellen.

Fig. 1. Horizontalschnitt. Hartn. Obj. 10, Oc. 4.
Fig. 2—8. Längsschnitte. Hartn. Obj. 10, Oc. 4.
Fig. 9. Längsschnitt. Hartn. Obj. 7, Oc. 2.
Fig. 10, 11. Längsschnitte. Hartn. Obj. 10, Oc. 4.
Fig. 12. Längsschnitt. Hartn. Obj. 7, Oc. 2.
Fig. 13, 14. Längsschnitte. Hartn. Obj. 10, Oc. 4.
Fig. 15. Querschnitt. Hartn. Obj. 7, Oc. 2.
Fig. 16. Spiculum mit Basalzelle. Hartn. Obj. 7, Oc. 2.
Fig. 17—19. Längsschnitte. Hartn. Obj. 10, Oc. 4.

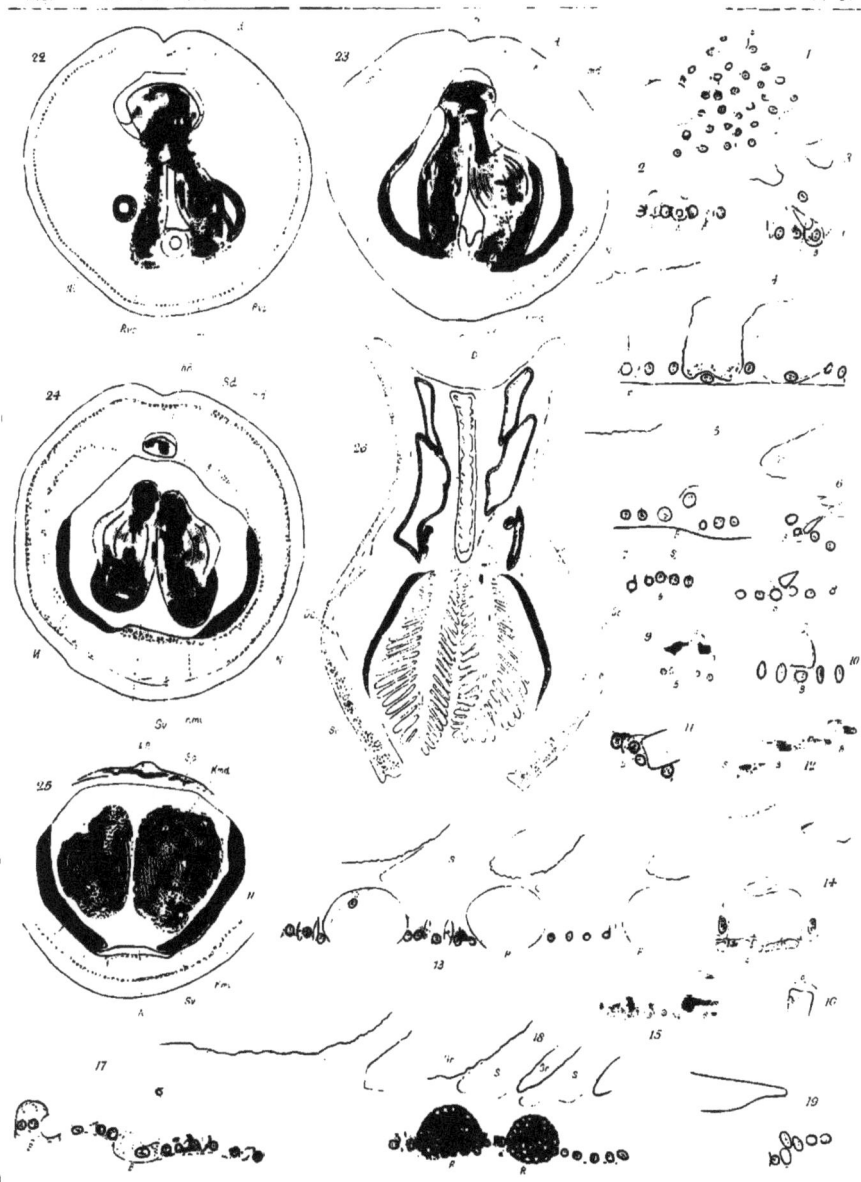

TAFEL V.

## TAFEL V.

Fig. 1. Längsschnitt durch die Leibeswand vom mittleren Theil des Prothorax; $S$ Spicula, $Gr$ Gruben der Cuticula. $PL$ pseudovasculare Lücken zwischen den Längsmuskelfasern und in den Ringmuskelbündeln. Hartn. Obj. 7, Oc. 4.
Fig. 2. Längsschnitt durch die Leibeswand vom Praeabdomen. $S$ Spicula, $Gr$ Gruben der Cuticula, $Wz$ in der Cuticula eingeschlossene Wanderzellen, $B$ Bindegewebe. Hartn. Obj. 7, Oc. 4.
Fig. 3. Spiculum vom Prothorax. Hartn. Obj. 7, Oc. 4.
Fig. 4. Spicula links vom vorderen, rechts vom mittleren und hinteren Körpertheil. Hartn. 4, Obj. 2.
Fig. 5. Aus einem Verticalschnitt durch den Mundschild; $Gb$ Buccalganglien, von welchen Nerven zu dem Epithel ausgehen. $M$ Muskelfasern. Hartn. Obj. 10, Oc. 2.
Fig. 6. Querschnitt durch das Epithel der dorsalen Grube des Hinterendes. Hartn. Obj. 7, Oc. 4.
Fig. 7. Querschnitt durch einen Theil eines der unteren Längsmuskelbündel mit Nervenstämmen und Bindegewebszellen, vergl. p. 36. Hartn. Obj. 10, Oc. 4.
Fig. 8. Von den Längsmuskelfasern der Leibeswand. Hartn. Obj. 10, Oc. 4.
Fig. 9. Stück einer sich frei durch die lacunäre Leibeshöhle streckenden, von einer bindegewebigen Scheide umgebenen Muskelfaser. Die Faser ist abgerissen, wodurch die elastische, Bindegewebs-Scheide ein wenig zusammengezogen wurde, und die fibrilläre Substanz am einen Ende entblösste; $B$ Kern der Scheide. Hartn. Obj. 10, Oc. 4.
Fig. 10. Querschnitte zweier freien Muskelfasern des Vorderendes, in $A$ ist der Kern getroffen; $B$ Bindegewebsscheide. $S$ äussere Schicht des Sarcoplasma. Hartn. Obj. 10, Oc. 4.
Fig. 11. Stück eines strangförmigen Körpers von der Seite gesehen. Hartn. Obj. 10, Oc. 4.
Fig. 12. Querschnitt eines strangförmigen Körpers. Hartn. Obj. 10, Oc. 4.
Fig. 13. Zunge $Z$. Radulatasche und Radula $Rs$, etwas schematisch.
Fig. 14. Querschnitt durch die obere Schlundwand und die Speicheldrüsen; $R$ Rückengefäss. Hartn. Obj. 10, Oc. 4.
Fig. 15. Querschnitt durch die Schlundwand und die Radula; links ist das Sublingualganglion $Sg$, rechts nur die Commissur $Nc$ durchschnitten. $Gl$ Ganglienzellen. $H$ Lymphräume, $K$ Zungenknorpel, $m$ Muskelfasern, $SL$ Schlundleisten. Hartn. Obj. 7, Oc. 2.
Fig. 15A. Matrixzellen der Radula. Hartn. Obj. 10, Oc. 4.
Fig. 16. Querschnitt von der Umgebung der Mundöffnung. Hartn. Obj. 10, Oc. 4.
Fig. 17. Querschnitt durch das Epithel und die Cuticula der Zunge unmittelbar hinter dem Radulastachel, links ein rudimentärer Zahn. Hartn. Obj. 7, Oc. 2.
Fig. 18. Der Stachel isoliert. Hartn. Obj. 4, Oc. 2.
Fig. 19. Epithelzellen des Mitteldarmes. Chrom-Osmium-Essigsäure. Hartn. Obj. 10, Oc. 4.

Kongl Vet Akad. Handl. Band 24 N⁰ 12

TAFEL VI.

# TAFEL VI.

Fig. 1. Stück eines Längsschnittes durch das Ovarium; $E_1$, $E_2$ Eizellen. $FK$ Kerne des Follikelepithels, $K_1 K_2$ Kerne der jungen Eizellen. $KZ$ Körnerzellen der Mitteldarmdrüse. $SE$, $SW$ unverändertes Epithel der Wand des Genitalsinus. Hartn. Obj. 7, Oc. 2.
Fig. 2. Eizelle, $FK$ Follikelkern. Hartn. Obj. 7. Oc. 2.
Fig. 3. Eiersäckchen von der Keimfalte eines Ovariums, nach dem Leben gezeichnet. Hartn. Obj. 7, Oc. 2.
Fig. 4. Stück einer Keimfalte eines Hodens, $B$, $C$, $D$ freie Samenmutterzellen und Spermafadenbündel aus einem Hoden. Hartn. Obj. 7, Oc. 2.
Fig. 5. Spermafaden nach dem Leben gezeichnet. Hartn. Obj. 10, Oc. 2.
Fig. 6. Querschnitt durch Rückengefäss und Pericardialgange. Hartn. Obj. 7, Oc. 4.
Fig. 7. Epithel aus dem vorderen Abschnitte des Cloakenganges. Die Zellen enthalten keine Secrete, vergl. p. 55. Hartn. Obj. 7, Oc. 4.
Fig. 8. Stück eines Schnittes durch die Wand des vorderen Abschnittes des Cloakenganges. Die Zellen enthalten grosse Secretbläschen. Hartn. Obj. 7, Oc. 4.
Fig. 9. Querschnitt durch das Epithel eines Theils der Cloake, $C$ Flimmerepithel des oberen Theils der Cloake, $NE$ das die Cloakenwand entlang fortsetzende Epithel des äusseren Abschnittes des Cloakenganges, $ED$ Fortsetzung des Enddarmepithels. Chrom-Osmium-Essigsäure. Hartn. Obj. 7, Oc. 1.
Fig. 10. Epithel des äusseren Abschnittes des Cloakenganges. Perenyis Flüssigkeit. Hartn. Obj. 7, Oc. 4.
Fig. 11. Etwas schräge geführter Horizontalschnitt durch das Epithel des äusseren Abschnittes des Cloakenganges. Nach unten sieht man die nahe an der Basis des Epithels liegenden Kerne der Drüsenzellen, nach oben sind die mehr oberflächlich gelegenen Kerne des Flimmersyncytium durchschnitten. Hartn. Obj. 7, Oc. 4.
Fig. 12. Darmcanal der Chaetoderma, etwas schematisch; $Vd$ Vorderdarm, $Md$ Mitteldarm, $Ed$ Enddarm, $Mdd$ Mitteldarmdrüse. Schwach vergr.
Fig. 13. Längsschnitt durch die Übergangsstelle zwischen Vorderdarm (rechts) und Mitteldarm (links). Hartn. Obj. 7, Oc. 4.
Fig. 14. Muskelfasern der Darmwand. Hartn. Obj. 10, Oc. 4.
Fig. 15. Stück eines Querschnittes durch die Mitteldarmdrüse, nach oben drei Körnerzellen, nach unten Keulenzellen und Ersatzzellen; Chrom-Osmium-Essigsäure. Hartn. Obj. 7, Oc. 4.
Fig. 16. Zwei Körnerzellen der Mitteldarmdrüse; Chrom-Osmium-Essigsäure; Hartn. Obj. 10, Oc. 4.
Fig. 17. Zwei Körnerzellen der Mitteldarmdrüse frisch zerzupft. Hartn. Obj. 10, Oc. 2.
Fig. 18. Secrete aus einer frisch zerzupften Mitteldarmdrüse; $A$ kleinere und grössere Körner, $B$ Keulensecret, $C$ Körnerballen (= zerfallene Körnerzellen). Hartn Obj. 10, Oc. 2.
Fig. 19. Querschnitt durch den Enddarm. Hartn. Obj. 7, Oc. 4.

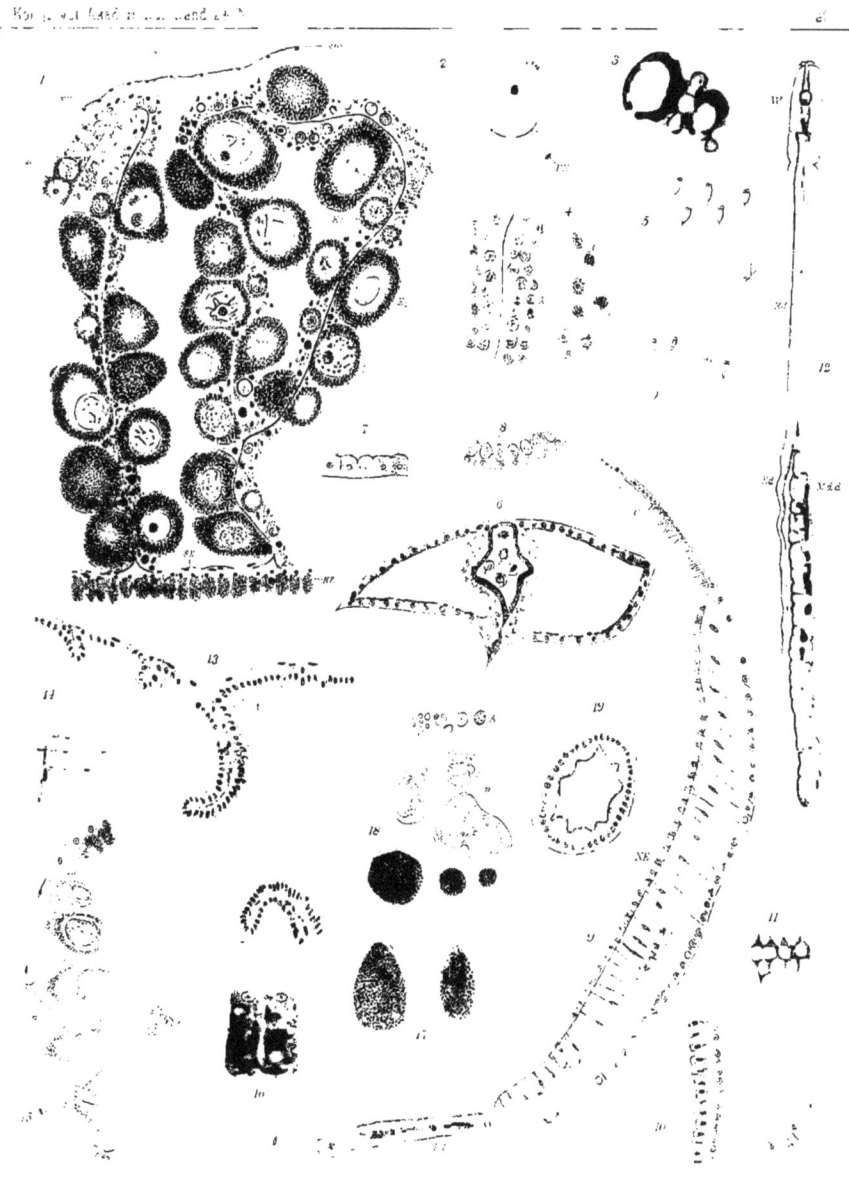

TAFEL VII.

# TAFEL VII.

Fig. 1. Vorder- und Hintertheil des Nervensystems, von oben gesehen, nach Schnittserien und Zupfpräparaten dargestellt. *C l* Commissura lateralis. *G l d* Ganglion laterale dorsale, *G l v* Ganglion laterale ventrale, *T l d* Truncus lateralis dorsalis, *T l v*. Truncus lateralis ventralis, *S l* Ganglion sublinguale, *C s* Commissura sublingualis. *G p s* Kiemenganglion, Ganglion posterius superius. Ungef. $\frac{50}{1}$.

Fig. 2. Vordertheil des Nervensystems von der Seite gesehen. Bedeutung der Buchstaben wie Fig. 1. Ungef. $\frac{50}{1}$.

Fig. 3. Hintertheil des Nervensystems von hinten gesehen *E d* Querschnitt durch den Enddarm *G p i* Commissur, den Enddarm umgebend. Ungef. $\frac{50}{1}$.

Fig. 4. Horizontalschnitt durch das Gehirnganglion, *b z* blasse Zellen, *G b* Buccalganglien, *L a* Lobus anterior, *L i* Lobus impar, *Ll* Lobus lateralis, *L p* Lobus posterior. *P n* Bindegewebshäutchen, *Z* Zellen von der Zellenschicht in der Mitte der Lobi posteriores (vergl. Fig. 5 *Z*). Hartn. Obj. 7. Oc. 2, Abbes Camera.

Fig. 5. Querschnitt durch das Gehirnganglion. Der Schnitt geht durch den vorderen Theil der Lobi posteriores. *C l* Commissura lateralis. Hartn. Obj. 4, Oc. 2, Abbes Camera.

Fig. 6. Zellen aus der Körnersubstanz des Gehirns. Hartn. Obj. 10, Oc. 4.

Fig. 7. A und B Bilder der unteren Nervenstämme zweier auf einander folgenden Querschnitte durch das Vorderende des Chaetoderma. Man sieht die mit Ganglienzellen belegte Commissur zwischen den Längsstämmen. Hartn. Obj. 7, Oc. 2, Abbes Camera.

Fig. 8. Aus einem Querschnitt einige m. m. hinter den vorigen. Man sieht die unteren Nervenstämme mit ihrer in der Muskelschicht laufenden Commissur. Hartn. Obj. 7, Oc. 2. Abbes Camera.

Fig. 9. Querschnitt der beiden Nervenstämme der einen Seite des Chaetoderma mit der dieselben verbindenden Commissur. Hartn. Obj. 7, Oc. 2. Abbes Camera.

Fig. 10. Das Ganglion posterius superius von einem Querschnitte des Hinterendes. Hartn. Obj. 4, Oc. 2, Abbes Camera.

Fig. 11. Die Spitze einer Kieme mit starren Härchen und Cilien, nach dem Leben. Hartn. Obj. 7, Oc. 4.

Fig. 12. Aus einem Schnitte durch die Kieme; *S* Sinueszelle, *D* Drüsenzelle. Hartn. Obj. 7, Oc. 4.

Fig. 13. Einige Kiemenepithelzellen stärker vergrössert *D* Drüsenzelle. Hartn. Obj. 10, Oc. 4.

Fig. 14. Bindegewebe der Leibeswand vom Postabdomen. Hartn. Obj. 7, Oc. 2.

Fig. 15. Wanderzellen der Haemolymphe, nach dem Leben. Hartn. Obj. 7, Oc. 4.

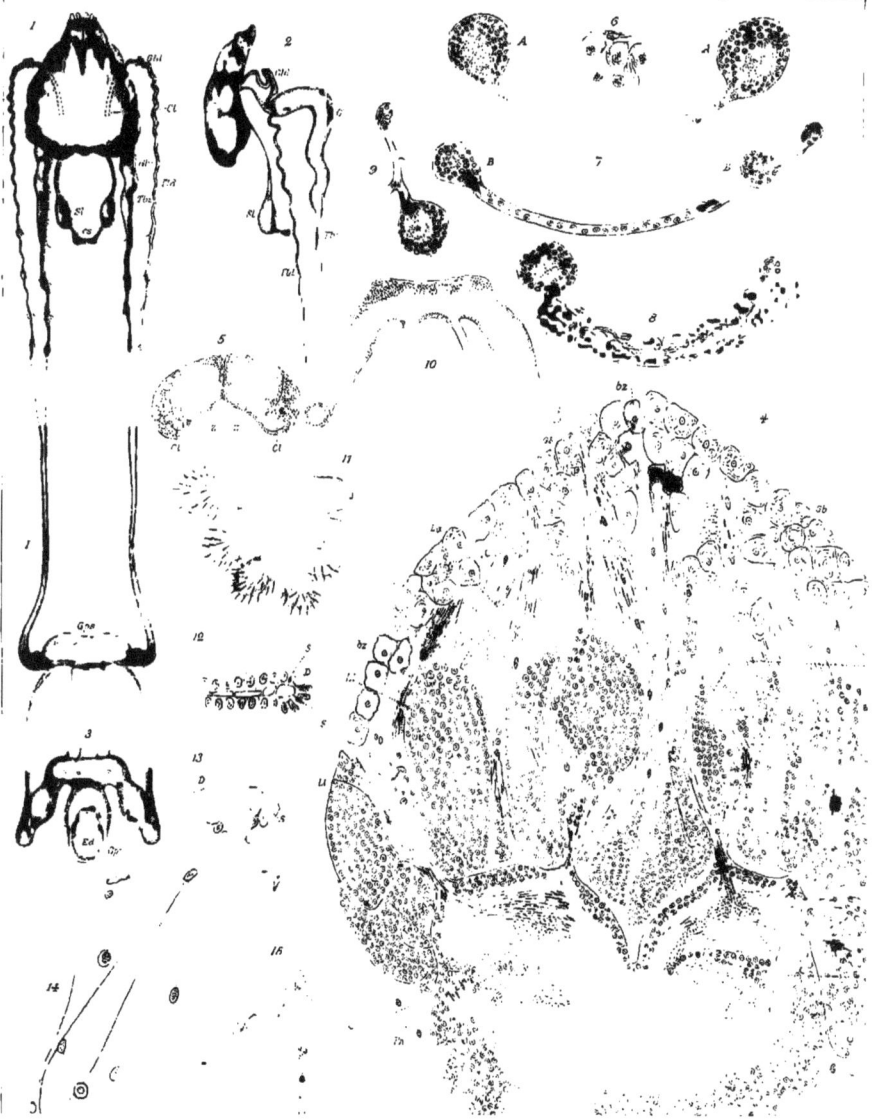